W0055752

Rainer Höh
Kanu-Handbuch

Wer zu neuen Ufern aufbrechen will,
muß das Wasser zum Weg machen.

Impressum

Rainer Höh
Kanu-Handbuch
erschienen im
Reise Know-How Verlag Peter Rump GmbH
Osnabrücker Straße 79, 33649 Bielefeld

© Peter Rump 1999, 2000
3., aktualisierte Auflage **2001**
Alle Rechte vorbehalten.

Gestaltung

Umschlag: G. Pawlak, P. Rump (Layout), G. Pawlak (Realisierung)
Inhalt: G. Pawlak (Layout), A. Schwarz (Realisierung)
Fotos: der Autor, außer S. 42, 98, 113: Stefan Höh, S. 10, 25, 142:
    Gunnar Tirschmann, S. 160: Theo Brändle. Der Autor dankt Theo
    Brändle für die Hilfe bei den Aufnahmen zu den Paddelschlägen.
Zeichnungen: Antonina Lorys

Druck und Bindung

Fuldaer Verlagsagentur

ISBN 3-89416-752-1
Printed in Germany

Dieses Buch ist erhältlich in jeder Buchhandlung der BRD,
Österreichs und der Schweiz. Bitte informieren Sie Ihren Buchhändler
über folgende Bezugsadressen:
BRD
    Prolit GmbH, Postfach 9, 35461 Fernwald (Annerod)
    sowie alle Barsortimente
Schweiz
    AVA-buch 2000, Postfach 27, CH-8910 Affoltern
Österreich
    Mohr Morawa Buchvertrieb GmbH
    Sulzengasse 2, A-1230 Wien

Wer im Buchhandel trotzdem kein Glück hat, bekommt unsere
Bücher direkt bei:**Rump Direktversand,** Heidekampstraße 18,
D-49809 Lingen (Ems) oder über den **Büchershop** auf unserer
Homepage: **www.reise-know-how.de**

Rainer Höh

Kanu-
Handbuch

REISE KNOW-HOW im Internet

Aktuelle Reisetips und Neuigkeiten
Ergänzungen nach Redaktionsschluß
Büchershop und Sonderangebote
Weiterführende Links zu über 100 Ländern

http://www.reise-know-how.de/

Der
**Reise Know-How Verlag
Peter Rump GmbH**
ist Mitglied der Verlagsgruppe
REISE KNOW-HOW

Wasserwandern öffnet neue Welten. Das „Aufbrechen zu neuen Ufern" ist immer mit einer tiefen Faszination verbunden. Ist es doch geradezu ein Urtraum, „neue Welten" zu entdecken. Aber wer zu neuen Ufern aufbrechen will, der muß das Wasser zum Weg machen - und den Weg zum Ziel. Dann kann er die Grenzen überschreiten und vorstoßen ins bis dahin Unerreichbare: in stille Buchten, zu einsamen Inseln oder an fremde Ufer. Unterwegs sein auf dem Urelement Wasser und die Welt aus einer völlig neuen Perspektive sehen. Selbst nach vielen Jahren staune ich immer wieder darüber, wie stark sich sogar die vertrautesten Täler verändern, wenn man sie vom Wasser aus erlebt.

Ungeahnte Möglichkeiten eröffnen sich dem, der das Wasser zum Weg macht - einzigartige Chancen, die Natur zu erleben und sich selbst als Teil dieser großen Einheit zu erfahren. Es muß nicht gleich eine wochenlange Kanuexpedition in der kanadischen Wildnis sein. Die Sonntagstour auf dem nahegelegenen Bach oder See kann genauso erlebnisreich sein, wenn man Augen und Ohren offenhält. Man braucht auch kein erfahrener Kanute zu sein. Es gibt genügend einfache Gewässer für Anfänger, und dieses Buch wendet sich nicht nur an Paddler die wochenlange Wildnistouren in Alaska planen, sondern genauso an Sonntagspaddler bzw. solche, die es werden wollen.

Rainer Höh

Inhalt

Wanderweg Wasser

Möglichkeiten

Man kann allein losziehen und die Einsamkeit genießen (wo es sie noch gibt), im Duo oder in der Gruppe mit mehreren Booten. Und Paddeltouren mit Kindern? Aber klar! Gerade für Familien mit Kindern ist das Wasserwandern doch ideal. Auf Fuß- und Radtouren muß man das Tempo an die Kleinsten und Langsamsten anpassen. Nicht so beim Wasserwandern, denn da sitzen buchstäblich „alle in einem Boot"! Da kann der Papi ruhig mal ranklotzen, wenn ihm danach ist – und trotzdem werden alle mühelos mithalten. Und wenn man genug hat, kann man sich treiben lassen oder eine Raststelle ansteuern. Meine Kinder sind vom Bootfahren alle gleichermaßen begeistert, und wenn das Abenteuer dann noch mit Feuermachen, Grillen und Planschen verbunden ist – was könnte es Schöneres für sie geben?!

Kosten

Ist so ein Boot nicht ein recht teurer Spaß? Zugegeben, für ein Wanderboot zusammen mit Paddeln, Schwimmwesten und Zubehör muß man bei Neuanschaffung schon mit 1000-1500 € oder sogar noch mehr rechnen. Doch diese Klippe kann man problemlos „umschiffen", indem man sich zunächst ein Boot mietet. An fast allen beliebten Wandergewässern gibt es Bootsvermieter, die eine komplette Ausrüstung zur Verfügung stellen und für den Rücktransport sorgen. Falls es an Ihrem Lieblingsgewässer keinen geben sollte, dann gibt es auch Vermieter, bei denen Sie das Boot abholen und dorthin transportieren können, wo Sie paddeln möchten. Wenn Sie sich früher oder später zum Kauf eines Bootes entscheiden – am besten nachdem Sie verschiedene Typen und Modelle „mietweise" getestet haben –

dann vergessen Sie nicht, einen Blick in die Kleinan-
zeigen zu werfen (z. B. in der Zeitschrift KANU Ma-
gazin). Dort werden gebrauchte Boote oft preisgünstig angeboten.

Risiken

Ist das Paddeln nicht gefährlich? Tatsächlich hört
man immer wieder von Bootsunfällen mit fatalem
Ausgang. Sieht man sich jedoch die Fälle näher an,
so stellt man fest, daß nahezu immer fahrlässiger
Leichtsinn im Spiel war. Die einen glauben, einen
vertrauten Fluß bei extremem Hochwasser genauso
befahren zu können wie sonst. Ein anderer meint,
sich und der Welt beweisen zu müssen, daß er ein
als „absolut unfahrbar" ausgewiesenes Wehr doch
meistern kann. Und wieder andere lassen sich in
angetrunkenem Zustand, ohne Erfahrung und mit
untauglichen Booten eine Wildwasserstrecke hin-
untertreiben. Wenn dann etwas passiert – soll man

▼ Ein Dreier-
Canadier ist
das ideale
Familienboot

002-ka Foto: rh

dem Wasser die Schuld geben und das Kanufahren als gefährlichen Sport anprangern?

Gewiß, man kann in jedem Wasser ertrinken. Manche sollen das schon in einer Pfütze oder in der Badewanne geschafft haben, und sie brauchten noch nicht einmal ein Boot dazu. Aber um einen beliebten Vergleich zu bemühen: Autofahren ist zweifellos gefährlicher als Paddeln. Auch bei Verkehrsunfällen sind meist Alkohol oder Draufgängertum die Ursache. Aber wer ließe sich dadurch von seinem Sonntagsausflug abschrecken?! Im Kanu hat man zumindest die Gewißheit, nicht durch andere Rowdies gefährdet zu werden, und die eigene Fahrlässigkeit kann man hoffentlich kontrollieren.

Dann ist das Wasserwandern nicht gefährlicher als irgendein anderer Freizeitsport. Übertriebene Angst wäre genauso fehl am Platz wie Leichtsinn. Und wenn mancher es vor dem – oder beim – ersten Versuch vielleicht nicht glauben mag: das Paddeln auf Zahmwasser ist absolut leicht zu erlernen. Das kann jeder! Ausgefeilte Techniken sind nicht erforderlich. Mag es auch auf dem ersten Kilometer etwas im Zickzack gehen. Wen kümmert's?! Ein bißchen „Kreuzen" und „Kanu-Walzer" gehören dazu, und nach einigen Stunden wird jeder mit seinem Boot klarkommen. Sie werden staunen wie stabil und kentersicher ein Cana-

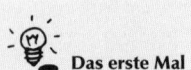

Das erste Mal

Erster Schritt: Wenn Sie sich zum ersten Mal auf das „balkenlose Element" wagen, sollten Sie das nach Möglichkeit nicht allein tun, sondern zusammen mit einem erfahreneren Kanuten, der Ihnen bei den ersten Paddelschlägen behilflich ist. Das Paddeln lernt man genauso wie das Autofahren nicht aus Büchern, sondern in der Praxis. Und da ist es immer gut, wenn man jemanden zur Seite hat, der einem die Grundschläge und Kniffe zeigt, der Fehler korrigiert und für Sicherheit sorgt.

„Aber hallo!," werden Sie jetzt vielleicht sagen, „Wenn man das Kanufahren eh nur in der Praxis und unter Anleitung erlernen kann oder sollte - was kann dann ein Buch zu diesem Thema bringen?" Und schon wieder komme ich mit dem leidigen Vergleich zum Autofahren: da steht nämlich vor der ersten Fahrstunde ebenfalls zunächst die Theorie. Entsprechend ist es beim Wasserwandern.

dier im Wasser liegt. Daß man seine ersten Versuche an Seeufern oder auf ruhigen, hindernisfreien Wasserläufen veranstaltet, sollte selbstverständlich sein. Und falls später schwierigere Passagen auftauchen, so ist es keine Schande, diese zu umtragen. „Safety first" ist – nicht nur! – für den Anfänger die erste Paddlerpflicht!

Kanukurse

Kanukurse für Anfänger und Fortgeschrittene mit der Möglichkeit, verschiedene Bootstypen kennenzulernen bieten beispielsweise:

- *Aqua Monte, Balinger Str. 7, 78628 Rottweil, Tel. 0741/7196, Fax 0741/7166, E-Mail: aquamonte@t-online.de, Internet: www.aquamonte.de*
- *1. Essener Kanuschule, Hohenburgstr. 86, 45128 Essen Mitte, Tel. 0201/245 4747, Fax 245 47 22, E-Mail: info@kanuschule.de, Internet: www.kanuschule.de*
- *Kanuschule Noris, Feldgasse 5, 90552 Röthenbach, Tel. 0911/578655, Fax 5709052, E-Mail: info@kanushop-noris.de, Internet: www.kanushop-noris.de*
- *Markgräfler Kanuschule, Castellbergstr. 5, 79423 Ballrechten-Dottingen, Tel. 07634/592340, Fax 592342, E-Mail: thvermer.H@t-online.de Internet: www.schwarzwald.de/kanu*
- *Sport Köpf, Vogelsang 113, 83646 Oberfischbach, Tel. 08041/7993391, Fax 7992741, E-Mail: traach@langlauf.com, Internet: www.langlauf.com*

Weitere Adressen erhält man vom:
- *VDKS (Verband Deutsche Kanuschulung e.V.), Hohenburgstr. 86, 45128 Essen, Tel. 0201/1769980, Fax 1769988, E-Mail: info@vdks-kanuschulung.de, Internet: www.vdks-kanuschulung.de*

003-ka Abb. rh

Boote

Bootstypen

„Was ist eigentlich der Unterschied zwischen Kanu und Kajak?", werde ich gelegentlich gefragt, wenn ich eine Bootstour leite. „Was ist ein Canadier?" Und was ist der Unterschied zwischen „paddeln" und „rudern"? Also klären wir erst mal einige Begriffe, um nicht ständig aneinander vorbeizureden.

Begriffe

Paddel – Ruder

„Beim Paddeln fährt man in Blickrichtung, beim Rudern entgegen der Blickrichtung", lautet die Regel, von der es demzufolge auch Ausnahmen gibt, denn auch Ruderboote können in schwierigem Wasser in Blickrichtung gefahren werden. Grundsätzlich gilt jedoch: ein Paddel hält man frei mit beiden Händen; ein Ruder ist beweglich am Bootsrand befestigt und kann mit einer Hand bedient werden. Ruderboote sind für das Wasserwandern weniger geeignet, und da nun der Unterschied zwischen Rudern und Paddeln klar ist, können wir sie getrost wieder vergessen.

Kanu-Kajak-Canadier

Nach der offiziellen Terminologie ist „Kanu" der Oberbegriff, der die beiden Paddelboot-Kategorien „Kajak" und „Canadier" zusammenfaßt. Im allgemeinen Sprachgebrauch jedoch werden die Begriffe „Kanu" und „Canadier" meist gleichgesetzt. Auch im Englischen wird mit „Canoe" grundsätzlich der Canadier bezeichnet. Selbst in der einschlägigen Literatur werden diese Begriffe oft durcheinandergeworfen. Wenn jemand „Kanu" sagt, meint er gewöhnlich das, was die ganz Korrekten mit 'Canadier' bezeichnen. Und um Mißverständnisse zu vermeiden, will ich es in diesem Buch mit den Korrekten halten.

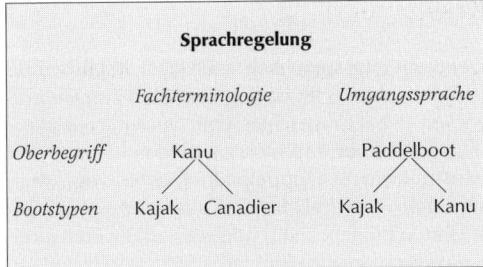

Boote

Canadier

Der Canadier wurde von den Indianern für die Fortbewegung auf Flüssen und Seen entwickelt. Er ist ein (fast immer) offenes Boot, das mit Stechpaddeln kniend oder von einem erhöhten Sitz gepaddelt wird. Dadurch ragt er höher aus dem Wasser als ein Kajak und ist gewöhnlich auch breiter gebaut.

Für den Wasserwanderer hat dieser Kanutyp eine Reihe entscheidender Vorteile: er hat eine große Zuladekapazität und ist kippstabiler. Da er offen ist, kann man leichter ein- und aussteigen und hat jederzeit Zugriff zum Gepäck. Zu zweit ist er einfacher zu fahren als ein Zweierkajak. Das Stechpaddel ist weniger ermüdend als ein Doppelpaddel, und aus der höheren Sitzposition kann man beim Paddeln den ganzen Oberkörper einsetzen. Und schließlich eignet sich der Canadier viel besser, wenn man Kinder mitnehmen will.

Nachteile: Durch seine höhere Bauweise ist er windempfindlicher, und da er oben offen ist, können Wellen über den Bordrand schlagen (für offene Wasserflächen weniger geeignet). Mit einer Spritzdecke läßt sich jedoch auch der Canadier regen- und spritzwasserdicht verschließen. Aufgrund seines breiteren Rumpfes läuft er außerdem etwas schwerer als ein Kajak und ist daher langsamer bzw. erfordert etwas mehr Kraftaufwand.

Kajak

Der (umgangssprachlich auch das) Kajak wurde von den Eskimos für die Jagd auf dem Eismeer entwickelt. Er hat ein geschlossenes Deck mit Sitzluken, die wasserdicht verschlossen werden können, und wird mit einem Doppelpaddel fortbewegt. Man sitzt darin tiefer als im Canadier und mit ausgestreckten Beinen. Die schnelleren und wendigeren Kajaks werden vor allem für Wildwasserfahrten gebaut. Aber auch für Wasserwanderer haben sie einige Vorteile: z.B. auf offenen Wasserflächen, wenn Wind und Wellen dem Canadier seine Grenzen zeigen. Leichtes Wildwasser hingegen, mit dem auch mancher Wasserwanderer gerne sein Touren-Süppchen würzt, kann mit Canadiern (insbesondere mit Schlauch-Canadiern) ebenfalls befahren werden.

Weitere Untergruppen

Aus den Grundformen der beiden Kanu-Typen (Kajak und Canadier) haben sich zahlreiche Spezialmodelle entwickelt. Allein nach dem Einsatzzweck unterscheidet man einen ganzen Zoo verschiedener Bautypen: lange Renn-Canadier für stehende Gewässer, Flußrenner, geschlossene Wildwasser-Canadier, offene Wildwasser-Canadier, breit und flach gebaute Gebrauchs-Canadier für Angler und Fotografen, extrem kurze Wildwasserkajaks für die Rodeo-Freaks, langgezogene Seekajaks für Küstenfahrten und schließlich unsere **Wanderkanus,** die uns als einzige näher interessieren. Sie können zwar nichts besonders gut, sind aber deswegen echte Allrounder.

Allerdings gibt es selbst in der Gruppe der Wanderkanus wieder allerlei Unterschiede, je nachdem, ob man vorwiegend auf stehendem Wasser, auf ruhigen Flüssen oder auf leichterem Wildwasser unterwegs ist, wie man das Boot transportieren will und wieviel Zuladekapazität man braucht. Einer und Zweier gibt es bei allen Kanuformen; noch größere Modelle findet man nur beim Canadier – bis hin zu den Großraumbooten der kanadischen Voyageure, die einer ganzen Fußballmannschaft Platz bieten.

Material

Das Material aus dem das Boot besteht, bestimmt auch dessen Gewicht, was vor allem dann wichtig ist, wenn man öfter umtragen muß. Außerdem sind einige Materialien weit pflegeleichter, robuster und leichter zu reparieren als andere. Und schließlich kann das Material einen ganz erheblichen Preisunterschied ausmachen.

Holz-Canadier

Holz-Canadier sind wahre Schmuckstücke für den Liebhaber. Sie werden gewöhnlich aus verleimten

▼ *Zwei ganz unterschiedlich gebaute Kajaks im neckischen Duett*

004-ka Abb.: rh

Zedernholzstreifen gefertigt und mit einer Schutz-
schicht aus klarem Kunstharz überzogen. Sie
benötigen keine Auftriebskörper, laufen leise und
isolieren gegen die Kälte des Wassers. Aber sie sind
sehr schwer, empfindlich, pflegebedürftig und extrem teuer. Als Einsteiger-Boote sind sie nicht zu
empfehlen.

Aluminium-Canadier

Alu-Canadier sind in Nordamerika weit stärker ver-
breitet als bei uns. Sie werden aus hochwertigem
Flugzeug-Alu hergestellt, sind sehr robust und brauchen keine Pflege.

Allerdings scheppern sie laut bei Grund-
berührung oder wenn Wellen dagegen schlagen.
Kleine Dellen kann man leicht ausbeulen, aber
Lecks sind nur schwer zu reparieren. Alu-Canadier
sind relativ schwer, erfordern zusätzliche Auftriebskörper und leiten die Kälte des Wassers rasch nach
innen.

▼ *Aluminium-*
Canadier am
Lake Lebarge
im kanadischen
Yukon Territory

005-ka Abb.: rh

Boote

Kunststoff-Kanus

Die meisten Hartschalen-Kanus werden heute aus verschiedensten Kunststoffen hergestellt. Und hier beginnt der Markt unübersichtlich zu werden – allzu vielfältig sind die Materialien und Markennamen. Vereinfachend lassen sich die für Kanus verwendeten Kunststoffe in zwei Gruppen unterteilen:

1. **Laminate** (aus Harz- und Faserschichten) und
2. **Thermoplaste** (wärmeverformbare Kunststoffe), die entweder einschichtig meist aber als Sandwich-Konstruktionen verarbeitet werden.

Laminate

Glasfaserverstärkter Kunststoff (GFK) – ist eine Kombination von Glasfasern und Polyesterharz (daher auch die Bezeichnung Glasfaser- oder Polyesterboote). Das Material kann entweder als Gemisch in eine Form gespritzt werden (billiger aber weniger haltbar). Oder es werden abwechselnd Harzschichten und Fasermatten übereinander ein-

▼ Leichter Kevlar/Carbon Einer-Canadier 'Gatz Yoho 1' mit Spritzdecke

006-ka Abb.: rh

getragen, was solidere Resultate ergibt. Da die Schichten von Hand aufgelegt werden, spricht man vom „Handauflegeverfahren" (mit alternativen Heilmethoden hat das überhaupt nichts zu tun!). GFK-Boote sind hart, verbeulen nicht, sind auch unterwegs leicht zu reparieren und isolieren besser als Alu. Außerdem sind sie leichter als die meisten PE-Boote. Hersteller sind z.B.: Indian Canoe, Gatz, Prijon.

Kevlarboote Bei teureren Versionen werden an Stelle der Glasfaser Kohle- oder Kevlarfasern mit Epoxidharz verarbeitet. Diese Laminate sind deutlich leichter und robuster aber auch teurer. Hersteller: z.B. Mad River Canoe, Gatz, Old Town.

Thermoplaste

Einschichtiges Polyethylen (PE) ist zwar sehr zäh aber weich und erfordert daher zur Aussteifung ein Alu-Gerüst. Es verkraftet harte Stöße, ist fast unzerbrechlich und relativ billig, aber deutlich schwerer als GFK. Hersteller: z.B. Coleman.

▼ *Leichter Royalite Einer-Canadier 'Solo 14' von Indian Canoe auf einer Flußinsel der Oberen Donau*

PE-Sandwich-Konstruktionen bestehen aus zwei massiven PE-Schichten, zwischen denen eine dritte Schicht aus aufgeschäumtem PE eingeschlossen ist (z.B. **Olthylen** von Old Town). Diese mehrschichtigen Boote sind sehr robust. Da sie weit steifer als die einschichtigen sind, erfordern sie kein zusätzliches Stützgerüst. Außerdem sind sie geringfügig leichter als einlagige Modelle (aber schwerer als GFK), bestens isoliert und sehr leise, unsinkbar, pflegeleicht, sehr strapazierfähig und recht preisgünstig. Hersteller: z.B. Gatz, Old Town.

Acryl-Butadien-Styrol (ABS) ist das Grunaterial einer zweiten Gruppe von Sandwich-Booten mit Schaumkern, die jedoch aus mehr als drei Schichten aufgebaut werden. Dieses Material wird zusätzlich mit einer Vinyl-Außenhaut kombiniert und ist besser bekannt unter den Markennamen **Oltonar** (Old Town) und **Royalex** (z.B. Indian Canoe, Gatz). Diese Boote sind nahezu unverwüstlich und haben (ebenso wie PE-Boote) ein sogenanntes „Formgedächtnis", d.h. selbst große Beulen verschwinden spurlos,

▼ Falt-Canadier 'Ally' zum Transport oben auf den Rucksack geschnallt im Kluane Gebirge, Yukon Territory

008-ka Abb.: U

wenn man sie erwärmt. ABS-Boote sind ebenso robust und noch etwas leichter als PE-Konstruktionen (aber immer noch etwas schwerer als faserverstärkte Boote) und teurer als diese beiden Gruppen.

Royalite (Indian Canoe) ist ähnlich wie **Royalex** aufgebaut, verwendet aber statt Vinyl einen abriebfesten Kunststoff für die Außenschicht; ergibt sehr robuste Boote, die ähnlich leicht wie Kevlar-Boote sind.

Faltboote

Faltboote bestehen aus einem Gerippe (Holz oder Alu, z.T. mit PE-Spanten), das mit einem PVC-, Kautschuk- oder Hypalon/Neopren-beschichteten Gewebe bespannt wird. Meist handelt es sich um Kajaks (Klepper, Pouch, Feathercraft), die z.T. mit einer Steuerung ausgestattet sind und besegelt werden können. Der einzige mir bekannte **Falt-Canadier** ist der Ally mit Alu-Gestänge und glasfaserverstärkter PVC-Haut. Diese Boote sind sehr leicht und klein verstaubar, so daß man sie auch im Flugzeug oder auf dem Rucksack transportieren kann. Wenngleich die Haut erstaunlich widerstandsfähig ist, so können Faltboote natürlich nicht so robust wie Festrumpf-Kanus sein. An flachen Stellen ist etwas Vorsicht am Platze und Kollisionen mit Felsblöcken sind wegen des relativ zerbrechlichen Gerippes tunlichst zu vermeiden. Für das Zusammenbauen der Boote muß man ca. 30 Minuten rechnen; beim ersten Mal länger.

Schlauch-Kanus

Diese „Luftboote" (Canadier oder Kajaks) bestehen aus mehreren getrennten Kautschuk/Hypalon- oder PVC-Schläuchen, die mit Luft aufgepumpt werden. Mit der richtigen Pumpe sind sie schneller „aufgebaut" als ein Faltboot (ca. 10 Minuten). Sie sind ebenfalls leicht, klein verpackbar und gut zu transportieren. Zudem sind sie sehr robust bei Grundberührungen und ganz besonders bei Kollisionen. Mit dem mitgelieferten Flickzeug (notfalls auch Motorradflickzeug) lassen sie sich leicht reparieren. Vom Fahrverhalten her allerdings unterscheiden sie sich stark von Hartschalen-Kanus (mehr dazu im Kapitel 'Schlauch-Canadier').

Boote

Auswahl des Bootes

Wer ohne klare Vorkenntnisse zum ersten Mal ein Kanu-Fachgeschäft betritt oder einschlägige Kataloge studiert, den haut es wahrscheinlich gleich aus den Socken. Zumindest schwirrt ihm der Schädel und er glaubt, mit seinem Kanu-Projekt in einen fürchterlichen Mahlstrom geraten zu sein, in dem er kreiselt bis ihm schlecht wird. Die Flut und Vielfalt unterschiedlicher Modelle, Größen, Materialien, und Farben, das scheinbare Chaos verschiedenster Faktoren und Fahreigenschaften, das Gewirr der Kielformen, Querschnitte und Rumpfformen – und dann noch das Kanu-Chinesisch des Fachhändlers, der von Anfangs- und Endstabilität, von U- oder V-Spant, von Kielsprung und Süllrand quasselt – das kann selbst einen angehenden Seemann erschüttern.

In dieses Chaos gilt es zunächst etwas Klarheit zu bringen, um entscheiden zu können, welches Boot für welchen Zweck geeignet ist.

Kanu-Details

Um die Vor- und Nachteile der einzelnen Bootstypen beurteilen zu können, muß man sich mit den Details der Bauweise auseinandersetzen. Da dies leider nicht ohne ein Mindestmaß an Fachwörterei möglich ist, hier zunächst ein kleines Glossar:

GLOSSAR

Glossar Kanu-Details

Anfangsstabilität	*Kippsicherheit des Kanus in Ruhelage ↗Endstabilität*
Außenkiel	*↗Kiel*
Bordwand	*Seitenwand des Rumpfs*
Bug	*Vorderes Ende des Bootes*
Dollbord	*Obere Bootskante; beim offenen Canadier mit ↗Süllrand identisch*
Endstabilität	*Kippsicherheit des Kanus unter Fahrt*
Freibord	*Abstand zwischen Dollbord (am tiefsten Punkt) und Wasserspiegel*
Heck	*Hinteres Ende des Bootes*
Joch	*Vorrichtung zum Tragen des Canadiers auf den Schultern*
Kiel	*Wulst oder Schiene an der Bootsunterseite, bei modernen Bootsmaterialien nicht erforderlich und nachteilig*
Kiellinie	*Linie Bug Heck an der tiefsten Stelle des Bootes*
Kielsprung	*Biegung der Kiellinie*
Persenning	*↗Spritzdecke*
Rocker	*An Bug und Heck hochgezogene Kiellinie*
Rumpf	*Bootskörper ohne Sitze, Joch etc.*
Schürze	*Wasserdichte Plane, die den Raum zwischen ↗Süllrand und Körper verschließt*
Seitenstabilität	*↗Endstabilität*
Spant	*Querverstrebung zum Verstärken der Außenwand; bei den heutigen Kanus meist nicht erforderlich; auch: Form des Querschnittes durch den Rumpf*
Spritzdecke	*Wasserdichte Plane, mit der offene Canadier geschlossen werden können*
Steven	*Vorderes und hinteres Ende des Bootes*
Süllrand	*Lukeneinfassung; beim offenen Canadier = Dollbord*
Trimm	*die Verteilung der Last (Gepäck plus Insassen) im Boot; er kann die Fahreigenschaften wesentlich beeinflussen*
Tumblehome	*Nach innen geneigte (bauchige) Bordwand*
Unterwasserschiff	*Nicht = U- Boot, sondern der Teil des Rumpfes, der unter der Wasserlinie liegt; auch kurz Unterschiff genannt.*

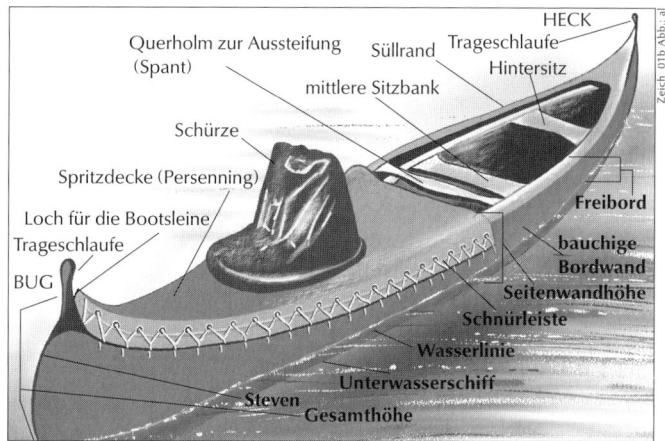

Boote

Abmessungen+Form = Fahreigenschaften

Form und Abmessungen eines Kanus – vor allem des Unterwasserschiffs – bestimmen seine Fahreigenschaften. Hier die wichtigsten Faktoren im Überblick:

Länge

Die Länge beeinflußt nicht nur Platz, Zuladekapazität und Personenzahl eines Bootes, sondern auch ganz wesentlich seine Fahreigenschaften. „Länge läuft", heißt es, und das bedeutet: je länger ein Kanu (genauer: dessen Unterwasserschiff) ist, desto leichter (bzw. schneller) und ↗kursstabiler läuft es. Oder anders herum: um so weniger Kraft ist erforderlich, um es voranzutreiben. Je kürzer das Unterwasserschiff, desto langsamer aber wendiger ist das Boot. Also: für Seen, Kanäle und einfache Wasserläufe ein langes, für Fließgewässer mit Hindernissen und für Wildwasser ein kürzeres Unterwasserschiff.

Kursstabil:

Das Boot hat einen guten Geradeauslauf, weicht also durch einseitige Paddelschläge nicht leicht vom Kurs ab. Dafür ist es natürlich weniger wendig.

Breite

Die Breite des Kanus (bzw. das Verhältnis von Breite zu Länge) bestimmt Zuladekapazität, Schnelligkeit und Anfangsstabilität. Das ist augenfällig: Je breiter desto mehr Platz und Stabilität, aber auch mehr Wasserwiderstand. Besonders schlanke Boote hingegen sind schnell und kursstabil, bieten aber weniger Anfangsstabilität, das heißt sie sind beim Einsteigen etwas kippelig. Neulinge fühlen sich daher in breiteren Booten sicherer.

Längen

Durchschnittliche Wander-Canadier für zwei Personen sind etwa 450 bis 500 cm lang; Einer-Canadier etwa zwischen 400 und 450 cm. Canadier ab 5 m Länge bieten meist schon Platz für 3 Personen mit Gepäck. Kajaks sind nahezu ebenso lang aber schlanker. Bei gleicher Gesamtlänge kann die Länge des Unterwasserschiffes dadurch spürbar variieren, daß die Kiellinie gerade verläuft oder aber an Bug und Heck mehr oder weniger stark nach oben gebogen ist (Kielsprung).

Breiten

Der übliche Wander-Canadier für 2-3 Erwachsene ist meist 80-95 cm breit; Einer-Canadier ca. 70-80 cm und Gruppen-Canadier 130 cm.

Kiellinie

Eine gerade Kiellinie bedeutet ein langes Unterschiff (Vor- und Nachteile siehe „Länge"). Je stärker der Kielsprung (die Biegung), desto wendiger wird das Boot (bei gleicher Gesamtlänge) d.h. um so vorteilhafter für wilderes Wasser mit Hindernissen, die rasches Manövrieren erfordern. Für die ersten Paddelversuche ist eine gerade Kiellinie günstig, da sie es leichter macht, den Kurs zu halten.

Querschnitt (Spant)

Der Querschnitt durch den Rumpf beeinflußt die Fahreigenschaften ähnlich wie die Breite. Ein **breiter, flacher** Boden (**U-Spant**) bringt hohe Anfangsstabilität und Wendigkeit zu Lasten der Schnelligkeit und Endstabilität; d.h. wenn bei Schräglage ein bestimmter Punkt überschritten wird, sind solche Kanus kaum wieder aufzurichten und kippen schlagartig. Ein **schmaler, gewölbter** Boden bedeutet geringere

Anfangsstabilität zugunsten höherer Geschwindigkeit und Endstabilität, d.h. daß es selbst aus kritischen Lagen wieder aufgerichtet werden kann (für
den Anfang weniger geeignet). Ein ausgeprägter **V-
Spant** spielt heute im Canadier-
bau keine Rolle mehr – ausser in
der wettkampfmäßigen Wildwas-
ser-Abfahrt.

Ein guter Kompromiß für den
Wander-Canadier ist ein breiter,
leicht gewölbter Boden, der das
Kanu relativ kippstabil, und wendig macht, bei zufriedenstellen-
der Schnelligkeit.

Kiellinie – Kielsprung

*Beim Bootskauf beachten: ein geringer
Kielsprung von wenigen Zentimetern
auf mehrere Meter Länge ist mit dem
Auge kaum zu erkennen, macht sich
aber auf dem Wasser deutlich
bemerkbar.*

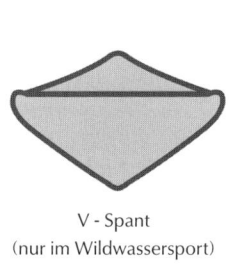

V - Spant
(nur im Wildwassersport)

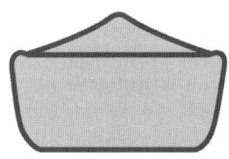

U - Spant
(Kastenrumpf)

breit und flach:
hohe Kippstabilität

schmal und gewölbt:
weniger kippstabil, schneller

breit und leicht gewölbt:
kippstabil und wendig
(Wander-Canadier)

Oberwasserschiff

Bei Wind und Wellen kann auch die Gestalt des Oberschiffs spürbaren Einfluß auf die Fahreigenschaften bekommen. Die Seitenwandhöhe beim **Canadier** beträgt an der niedrigsten Stelle in der Mitte des Bootes etwa 30–40 cm (bei voller Zuladung sollten davon mindestens 15–20 cm Freibord bleiben) und steigt zu den Steven hin auf 50–60 cm an, wodurch der Canadier sein charakteristisches Aussehen erhält. **Kajaks** sind viel niedriger gebaut und fallen nach vorn und hinten eher noch ab. Der Unterschied wird bei Wind rasch spürbar. Je höher die Bordwände, desto windempfindlicher ist das Kanu und desto weniger geeignet für offene Seeflächen oder gar Küstengewässer. Besonders Canadier mit sehr hohen Steven („Winnetou-Optik") und Schlauch-Canadier sind bei kräftiger Brise mühsam auf Kurs zu halten (vor allem, wenn sie nicht richtig getrimmt sind). Für längere Touren auf exponierten Wasserflächen eigen sich deshalb vor allem Kajaks.

Spritzdecke

Eine Spritzdecke verhindert, daß der Wind an der Innenseite der Bordwand angreifen kann. Sie macht den Canadier aerodynamischer und reduziert die Windempfindlichkeit spürbar. Das Yoho 1 von Gatz mit Spritzdecke hat mich davon überzeugt, daß auch ein Canadier mit höheren Steven bei Wind gut zu beherrschen ist.

Schlauch-Canadier

Konstruktionsbedingt sind viele Schlauch-Canadier nicht nur besonders empfindlich für Seiten- oder Gegenwind, sondern sie laufen auch schlecht geradeaus und sind langsam bzw. auf stehendem Wasser mühsam zu paddeln. (**Achtung:** Je höher der Luftdruck, für den die Boote gebaut sind, desto stabiler sind sie und desto günstiger die Fahreigenschaften!). Außerdem bieten sie durch die breiten Außenschläuche weniger Stauraum als starre Kanus und sind etwas mühsamer zu paddeln, weil man über diese Schläuche weiter nach außen greifen muß. Dafür haben sie aber auch eine Reihe von Vorzügen, die ihre zunehmende Beliebtheit verständlich machen. Sie lassen sich für den Transport sehr klein verpacken, brauchen für die Lagerung zu Hause nur wenig Platz, sind relativ leicht und besitzen zudem Stärken, die sich auf schnelleren Flüssen und im wilderen Wasser zeigen. Hier sind die „Gummiwürste" in ihrem eigentlichen Element. Sie sind sehr leicht und wendig, nehmen bei Wellengang nicht so schnell Wasser über, sind unsinkbar und selbst wenn sie tüchtig Wasser übergenommen haben noch leidlich manövrierbar. Im Wildwasser verhalten sie sich sehr gutmütig und verzeihen Fahrfehler. Außerdem sind sie robust, überstehen Kollisionen mit Felsblöcken unbeschadet und können sogar um einen Brückenpfeiler gewickelt werden ohne Schaden zu nehmen (was den Insassen leider nicht immer gelingt!).

Für Touren auf größeren Seen sind Schlauch-Canadier nicht unbedingt empfehlenswert. Aber wer überwiegend auf Fließgewässern unterwegs ist, das

(Nähere Informationen und Vergleichstests zu den „Aufgeblasenen Typen" siehe Kanu-Magazin 1/94; Vergleich Luftboote und Faltboote Kanu-Magazin 6/98).

Boote

▼ *XR-Trekking Schlauchcanadier sind ideal für Wehr- und Wildwasserfahrten*

*▼ Mit einem
gemieteten
Canadier auf
großer Tour in
Kanada*

Boot im Kofferraum oder in öffentlichen Verkehrsmitteln transportieren will und möglichst früh auch „interessanteres" Wasser fahren will, der sollte sich so einen „Gummi-Brummi" näher ansehen. Wenn man gelernt hat, mit den Dingern umzugehen, dann gibt es kaum ein vielseitigeres Boot. Und als weniger windempfindliche Alternative steht eine Auswahl von offenen und geschlossenen Schlauchkajaks (teils mit Steuerung und Besegelung) zur Verfügung (z.B. Grabner).

054-ka Abb.: rh

Entscheidungshilfe

Die bisherigen Ausführungen haben hoffentlich die Vor- und Nachteile der einzelnen Materialien, Formen und Bootstypen klargemacht. Jetzt liegt es an Ihnen, herauszuklamüsern, welche Anforderungen Ihr Traumkanu erfüllen soll. Dazu müssen Sie sich folgende Fragen stellen:

Boote

1. **Welche Gewässer sollen überwiegend befahren werden?**
   - Küstengewässer
   - Binnenseen
   - Kanäle und ruhige Flüsse
   - Kleinflüsse mit Hindernissen
   - Wildwasser

2. **Welcher Art sollen die Fahrten überwiegend sein?**
   - Solofahrten
   - Zweierfahrten
   - Familienfahrten mit Kindern
   - Fahrten in größerer Gruppe
   - Tagesfahrten
   - Wochenendfahrten
   - Urlaubsfahrten
   - Fahrten im Nahbereich oder in entlegenen Wildnisgebieten

3. **Wie soll das Boot transportiert (und wo gelagert) werden?**
   - Dachgepäckträger
   - Kofferraum
   - Öffentliche Verkehrsmittel
   - Rucksack

Welches Boot für welchen Zweck?

Zur leichteren Orientierung hier eine Übersicht über die Vor- und Nachteile der einzelnen Bootstypen für verschiedene Einsatzzwecke.

Bootstyp	Gewässer / Fahrt		
	Küsten	*Seen*	*Zahmwasser*
Kajak	Seakajak	gut	gut
Canadier	ungeeignet	lange, schlanke Modelle mit geradem Kiel	mittlere Länge mit leichtem Kielsprung
Faltkajak	mit Steuervorrichtung gut	sehr gut; evtl. mit Steuer und Segel	gut
Falt-Canadier	ungeeignet	gut	gut
Schlauch-Canadier	ungeeignet	wenig geeignet	brauchbar

Modelle vergleichen

Um wirklich zu wissen, welches Kanu Ihren Vorstellungen am besten entspricht, sollten Sie verschiedene Boote ausprobieren. Sie können dazu ein Kanu mieten oder einen jener Kanukurse mitmachen, bei denen man gleich mehrere unterschiedliche Modelle ausprobieren kann. Außerdem bieten manche Hersteller die Möglichkeit, die Boote ihrer Palette zu testen.

Meine Erfahrungen

Nachdem ich lange Zeit wegen der guten Transporteigenschaften mit Schlauch-Canadiern gepaddelt bin, habe ich speziell für dieses Buch einige Festrumpf-Modelle getestet, von denen sich zwei hervorragend bewährt haben: Gatz Yoho 1/70 mit Spritzdecke (Kevlar/Carbon-Leichtbau; 420x70 cm, Gewicht: 18,5 kg; Zuladung: 180 kg) und Indian Canoe Solo 14 (Royalite, 427x74 cm, Gewicht:

Boote

	Gewässer / Fahrt		
Wildwasser bis II	**Tagesfahrten**	**Urlaubsfahrten**	**Familienfahrten**
sehr gut	gut	spezielles Tourenkajak	nur mit mehreren Booten
kurze, breitere Modelle oder stärkerer Kielsprung, ggf. Spritzdecke	gut	gut	ideal
geeignet; evtl. mit Spritzdecke	gut	geeignet	weniger geeignet
brauchbar	gut	sehr gut	gut
sehr gut	sehr gut	gut	gut

19 kg; Zuladung: ca. 190 kg). Beide Einer-Canadier bieten eine optimale Kombination von Geradeauslauf und Wendigkeit, so daß sie sich sowohl für Touren als auch für leichtes Wildwasser hervorragend eignen – der Yoho 1 mit Spritzdecke auch für anspruchsvolles Wildwasser. Nach den Erfahrungen mit den plumpen Schlauch-Canadiern war es eine Freude, wie mühelos diese Boote laufen und wie federleicht sie zu umtragen sind! Beide haben sich auch bei Wind erstaunlich gut bewährt, wobei mich besonders der Yoho mit seinen etwas höheren Steven sehr angenehm überrascht hat. Im ganz offenen Solo 14 lassen sich größere Bootssäcke etwas bequemer verstauen. Beide Canadier sind unsinkbar, leise, gut isoliert und sehr robust.

Wer einen vielseitigen 2er- oder 3er-Canadier sucht, dem würde ich den Yoho 2 (455/80 cm, 18–27 kg je nach Material; 280 kg Zuladung) bzw. den Yoho 3 (490x90 cm, 23–34 kg; 420 kg) empfehlen oder den Nova 16 (486x89 cm, 26 bzw. 29 kg; 390 kg Zuladung) bzw. den Nova 17 (518x89 cm, 29 bzw. 31 kg; 500 kg Zuladung).

Kanu-Zubehör

Paddel

Canadierfahrer benutzen ein **Stechpaddel;** wer im Kajak sitzt, hat ein **Doppelpaddel.** Die Vielfalt unterschiedlicher Materialien, Formen und Maße ist genauso verwirrend wie bei den Booten. Gottseidank scheiden für den Wasserwanderer eine Vielzahl der „Spezialgeräte" von vorne herein aus. Und was übrig bleibt, ist alles mehr oder weniger brauchbar, aber es lohnt sich natürlich, einige Punkte zu beachten. Immerhin macht man auf einer Tour durchschnittlich 25–30 Paddelschläge pro Minute, also 1.500–1.800 pro Stunde und über 10.000 oder sogar 15.000 pro Tag. Da können auch kleine Unterschiede ins Gewicht fallen. Vor allem muß das Paddel deshalb leicht sein und gut in der Hand liegen.

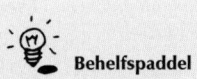

Behelfspaddel

Mangels Besserem sind wir auf dem Yukon sogar schon mit einem Fußbodenbrett und einer alten Kohlenschippe gepaddelt – und das ging auch!

Material: Einfache Holzpaddel sind billig, aber meist nicht sehr dauerhaft und werden daher fast nur als Reservepaddel mitgeführt. Widerstandsfähiger sind Paddel aus Leimholz oder aus Aluminium, Fiberglas, Kohlefaser oder Kunststoff. Welches dieser Materialien man bevorzugt, ist Geschmackssache. Holz ist wärmer, elastischer und zum Canadier vielleicht „stilechter"; die übrigen Materialien sind pflegeleichter. Wichtig ist, daß das Paddel schwimmt (ggf. mit Schaumkern) und im Griffbereich nicht aus unbeschichtetem Aluminium besteht (Alu macht nicht nur schwarze, sondern u. U. auch saukalte Finger!).

Form: Breit oder schmal? Eckig oder Beaver-Tail? Auch das ist Geschmackssache. Grundsätzlich ist für den Wasserwanderer ein rechteckiges Blatt mit gerundeten Ecken sinnvoll. Für Ausdauerleistungen

Boote

(nichts anderes ist das Wasserwandern) sind schmalere Blätter (ca. 15 cm) effektiver und kräfteschonender, während für Manöver, bei denen es darauf ankommt, kurzfristig starken Schub zu entwickeln breitere Blätter (um 20 cm) vorteilhaft sind.

Für die „Sit and Switch" Technik (die in diesem Buch nicht behandelt wird) gibt es spezielle Bentshaft-Paddel mit geknicktem Schaft.

Länge: Beim **Canadier** findet man die passende Länge am einfachsten, indem man sich auf einen Stuhl setzt und das Paddel mit dem Blatt nach oben vor sich auf die Stuhlfläche stellt. Der Blattansatz muß sich dann etwa auf Stirnhöhe befinden (bei Bentshaft-Paddeln auf Höhe der Nasenspitze). Solo- und Heckpaddler bevorzugen oft einen etwas längeren Schaft. Ein paar Zentimeter fallen aber nicht ins Gewicht.

Kajak-/Faltbootwanderern empfiehlt man ein Doppelpaddel der Länge, die sie stehend mit nach oben gereckten Armen noch erreichen können (ca. 220 cm). Im Wildwasser kürzer (205-210 cm); im Seekajak 225-230 cm und im Zweier 230-240 cm. In jedem Fall sollten sie mit Tropfringen ausgestattet sein, damit das Wasser nicht am Schaft entlang über die Hände und ins Boot läuft. Die Blätter sollten in einem Winkel von etwa 70–85° gegeneinander ver-

Teilbare Paddel

sind für den Faltboot-Kapitän unerläßlich, aber z.B. auch für Leute mit Schlauch-Canadiern vorteilhaft, wenn das Boot klein verpackt transportiert werden soll. Teilbare Paddel, die innen hohl sind, sollten an der Verbindungsstelle wasserdicht sein oder mit Isoband o.ä. abgedichtet werden, sonst dringt Wasser ein, macht das Paddel schwer und tropft ins Boot.

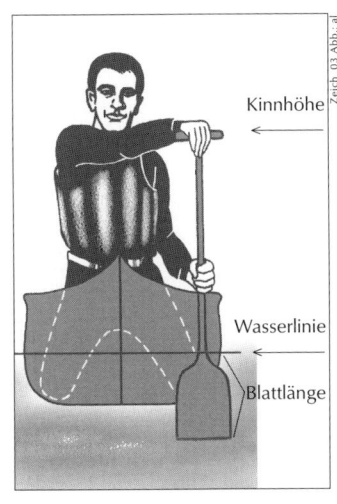

Kinnhöhe

Wasserlinie

Blattlänge

Zeich_03 Abb.: al

schränkt sein, damit das aktive Blatt senkrecht zum Wasser steht, während das passive waagrecht durch die Luft geführt wird (weniger Windwiderstand!). Als **aktives Blatt** bezeichnet man dasjenige, mit dem gerade gearbeitet wird, das andere ist das **passive.** Da Kajakpaddel auf Wanderfahrten flacher gehalten werden als Stechpaddel, sind ihre Blätter meist asymmetrisch, damit das ganze Blatt eingetaucht wird.

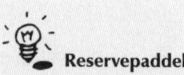

Reservepaddel

Auf jeder längeren Tour gehört ein sicher befestigtes Reservepaddel ins Boot. Solopaddler sollten bei jeder Fahrt eins griffbereit halten, da sie sonst bei Paddelverlust schlagartig den Launen der Strömung ausgesetzt sind!

Schwimmweste

▼ *Die Schwimmweste der jungen Kanutin sollte etwas kleiner sein, damit sie richtig sitzt.*

Gleich nach dem Paddel ist die Schwimmweste das wichtigste Ausrüstungsstück. Eine **Rettungsweste** hat zusätzlich einen Kragen, der dafür sorgt, daß man auch bei Bewußtlosigkeit den Kopf über Wasser behält. Beim Schwimmen ist die Rettungsweste eher hinderlich, da sie stets versucht, den Schwimmer auf den Rücken zu drehen. Für Ka-

012-ka Abb.: rh

nuwanderer ist gewöhnlich eine Schwimmweste vorteilhafter. Lediglich Kinder und Nichtschwimmer sollten besser eine Rettungsweste tragen. Sowohl Schwimm- als auch Rettungsweste müssen natürlich auf das Körpergewicht abgestimmt sein. Wildwasserpaddler brauchen zusätzlich einen Helm.

Wurfbeutel

Diese kleinen Nylonbeutel mit einem 20 oder 25 m langen Seil drin dienen dazu, einem in Not geratenen Kollegen als Rettungsleine zugeworfen zu werden. Hält man den aus dem Beutel ragenden Griff fest, so spult sich das Seil gleichmäßig ab und läßt sich gut und gezielt werfen. Die Wurfbeutel wurden eigentlich für das Wildwasser entwickelt, können aber auch auf Zahmwasser hilfreich oder sogar lebensrettend sein – z.B. bei Unfällen an einem Wehr mit Rücksog!

Spritzdecke

Die Spritzdecke (von manchen auch „Persenning" genannt) ist eine wasserdichte Plane, die aus dem offenen Canadier oder Faltboot ein geschlossenes Boot macht. Sie hat für jeden Paddler eine Sitzluke, die mit einer „Schürze" verschlossen wird. Diese Schürze schließt mit einem Gummizug dicht um den wulstförmigen Rand der Spritzdecke und liegt mit einem weiteren Gummizug eng am Körper des Paddlers an, so daß nirgends Wasser eindringen kann.

   Die ⟋Spritzdecke (Persenning) ist kein Muß. Besonders Tagesfahrten aber auch längere Touren im Canadier werden oft „oben ohne" gefahren. Doch fraglos hat die Plane, ihre angenehmen Seiten: sie schützt Paddler und Gepäck vor Regen, sie verringert den Windwiderstand bei Seitenwind um bis zu

Sprachregelung Spritzdecke:

Wer die große Plane (Spritzdecke) als „Persenning" bezeichnet, nennt die kleine Plane (Schürze) verwirrenderweise „Spritzdecke"!

50%, und verhindert das Vollschlagen. Andererseits kann sie beim Ein- und Aussteigen hinderlich sein, sie erschwert den Zugriff zum Gepäck, ist beim Umtragen hinderlich und macht bei einer Kenterung im Tiefwasser das Bergen des Bootes schwieriger.

Keinesfalls darf die Sitzluke so eng sein, daß man bei einer Kenterung am Aussteigen gehindert wird! Am Süllrand hingegen muß die Spritzdecke so dicht anliegen, daß dazwischen kein Wasser eindringt, und sie muß dort so fest sitzen, daß sie nicht durch den Wasserdruck weggerissen wird.

Spritzdecke

Um zu verhindern, daß sich auf der Spritzdecke größere Wassermengen sammeln, weil sie in der Mitte durchhängt, kann man das Gepäck darunter so verteilen, daß es die Decke abstützt und etwas nach oben drückt.

Bootswagen

▼ Der Autor beim Winterpaddeln im Yoho 1

Zum Umtragen von Boot und Gepäck (sofern ein halbwegs guter Weg vorhanden ist) oder zum Transport vom/zum Auto oder Bahnhof ist ein

013-ka Abb.:sh

zweirädriger Bootswagen sehr vorteilhaft. Wichtig
ist eine solide Bauweise, denn Boot und Gepäck zusammen bringen leicht 100 Kilo oder mehr auf das
Wägelchen. Also auf stabile und gut gelagerte Räder, breite Reifen und ein ver-
schweißtes Rohrgestell achten!
Luftreifen sind auf festen Wegen
angenehm, erfordern jedoch
Pumpe und Flickzeug. Vorteilhaft
ist ein Bootswagen, der sich rasch
zusammenklappen läßt.

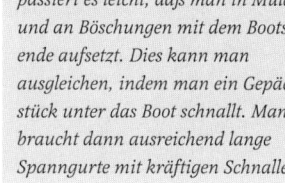

Bodenfreiheit

*Bei einem niedrigen Bootswagen
passiert es leicht, daß man in Mulden
und an Böschungen mit dem Bootsende aufsetzt. Dies kann man
ausgleichen, indem man ein Gepäckstück unter das Boot schnallt. Man
braucht dann ausreichend lange
Spanngurte mit kräftigen Schnallen.*

Allerlei „Drin-und-dran"

Eine Reihe von Kleinigkeiten im
und am Boot, können das Leben
leichter machen oder es im Zweifelsfall gar verlängern helfen. An
Bug und Heck gehört je eine ca. 5–7 m lange
Bootsleine (z.B. Reepschnur) zum Halten und
Festmachen des Bootes. Aufgerollt und mit einer
elastischen Kordel gesichert kann sie sich nicht ver-
heddern und ist rasch zur Hand. Auf Seen kann
man die Heckleine (besser eine etwa 15–20 m lange schwimmende Leine) als **Bergungsleine** hinter-
herziehen, damit man im Falle einer Kenterung das
Boot nicht verliert (bei Wind treibt ein Boot schneller ab als man schwimmen kann!).

Zum Tragen des Bootes sind breitere **Gurtschlaufen** (wie bei Gatz-Canadiern) oder feste
Griffe hilfreich, und zum Treideln braucht man zusätzlich eine mindestens 20–25 m lange Leine. Für
längere Portagen sind viele Canadier bereits mit einem eingebauten **Tragejoch** ausgestattet. Fehlt es,
so kann man aus wasserfest verleimtem Sperrholz
selbst ein Joch herstellen, das bei Bedarf mit
Klemmbacken und Flügelmuttern am Dollbord befestigt wird. Polsterung nicht vergessen!

011-ka Abb. rh

▲ Zwei Canadier werden zum Katamaran und ein Poncho zum Segel; Yukon Territory

Kanus, die nicht durch ihre Bauweise unsinkbar sind, müssen mit **Auftriebskörpern** in Bug und Heck ausgestattet sein. Daß diese kein Luxus sind, wird man spätestens dann einsehen, wenn sie fehlen, und das Boot nach einer Kenterung einige Meter unter dem Wasserspiegel seine letzte Ruhestätte findet. Bei Canadiern sind meist Bug- und Heckspitze mit Styropor ausgefüllt oder ausgeschäumt. Vorteilhaft sind wasserdicht verschließbare Bug- und Heckbeutel oder -boxen, in denen man zugleich Gepäck verstauen kann.

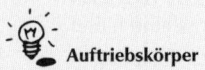

Auftriebskörper

Auch vollbepackte wasserdichte Bootssäcke, Gepäcktonnen etc. wirken als Auftriebskörper, sofern sie dicht verschlossen und gut im Boot befestigt sind. Denn selbst voll bepackt sind sie immer noch deutlich leichter als das verdrängte Wasser.

Um notfalls lenzen zu können, braucht man ein geeignetes, nicht zu kleines **Schöpfgefäß,** das gut erreichbar im Boot festgebunden ist. Zum Aufwischen von Spritzwasser ist ein **Schwamm** nützlich, der ebenfalls per Schnur befestigt oder festgeklemmt werden kann. Seekajaks haben außerdem **Lenzpumpen,** die per Fuß oder mit der Hand bedient werden und bis zu 40 Liter pro Minute aus dem Boot pusten. Der durchschnittliche Wasserwanderer wird aber ohne ein solches Gerät auskommen.

Canadier-Paddler werden längerfristig auf ein **Kniepolster** nicht verzichten wollen, denn nur kniend kann man das Boot optimal beherrschen (auf längeren Touren wird man zwar meist sitzend paddeln, aber auf schwierigeren Strecken ist die kniende Position besser). Einfache **Knieschoner** aus dem Baumarkt können bereits gute Dienste leisten. Ins Boot eingeklebte Polsterplatten, die auch das Schienbein schützen sind sehr komfortabel, lassen aber keinen großen Spielraum für Positionsänderungen. Ich benutze daher gerne die Exped Chaps mit Kniepolster – damit kann ich rasch von der Bootsmitte in Richtung Bug oder Heck wechseln und habe die Polster stets dabei. Für längere Strecken mit wenig Positionswechsel kann man die Oberschenkel nach unten rollen, um das Kondenswasser zu verringern.

Auf längeren Fahrten sehr angenehm sind Sitzpolster und eine Rückenlehne. Als besonders komfortabel und vielseitig hat sich der Crazy Creek Canoe Chair bewährt, der nur 500 g wiegt (Bezugsquelle: Exped). Er kann sowohl im Boot als auch im Camp sehr vorteilhaft genutzt werden und notfalls sogar die Isomatte ersetzen. Faltboot-Paddler können ihre Sitze und Rückenlehnen mit Gepäckstücken (Rucksack, Zeltplane) variieren.

Und schließlich gehört natürlich noch ein **Reparatur-Set** mit an Bord, das entsprechend dem Material des Bootes zusammengestellt ist. Die kompletten Sets sind meist vom Bootshersteller erhältlich. Dort kann man auch über die geeigneten Kleber Auskunft erhalten. Immer praktisch ist zusätzlich eine Rolle Textilklebeband.

Boote

0604a Abb. rh

Gewässerkunde

Gewässerkunde

„Wasser hat keine Balken!", sagen die einen und meiden es daher wie der Teufel das Weihwasser. Für den Paddler hingegen ist es im wahrsten Wortsinn das „tragende Element". Wo immer es wenigstens eine Spanne tief steht, kann er sich mühelos fortbewegen - und wenn es sein muß noch zentnerweise Gepäck transportieren.

Seen

Ein stiller Waldsee – sollte man wenigstens meinen – ist das ruhigste und friedlichste Wasser, das man sich nur denken kann. So spiegelglatt wie eine Badewanne. Lassen Sie sich nicht täuschen: Was jetzt ein harmloser Badesee ist, kann Minuten später wilde Wellen schlagen und das dickste Kanu umschmeißen. Den Unterschied zur Badewanne macht der Wind! Alles was größer ist als ein Teich kann er ruckzuck aufwühlen und unbefahrbar machen. Je weiter die Fläche, desto höher werden sich die Wellen türmen. Aber auch schmale, langgezogene Seen zwischen scheinbar schützenden Bergen können sich durch Fallwinde von jetzt auf gleich in lebensgefährliche Hexenkessel verwandeln.

Größere Seen sind also ganz sicher nicht das ideale Anfängergewässer. Dennoch hat ein seichtes Badeufer bei Windstille seine unbestreitbaren Vorteile. Vor allem macht dem Neuling dort keine Strömung zu schaffen und er spürt deshalb die Auswirkung seiner Paddelschläge direkt und unverfälscht. Es gibt keine unübersichtlichen Kehren, hinter denen Gefahren lauern könnten. Und man kann ungeniert eine Kenterung riskieren, denn man befindet sich ja sowieso am Badeufer. Kurz: man fühlt sich sicher. Und das ist für die Abnabelung vom festen Land schon mal die halbe Miete.

Als **Wasserwanderweg** hingegen sind größere Seen mit Vorsicht zu genießen. Wenn man sich ihnen anvertraut, hält man sich tunlichst in Ufernähe, um bei auffrischendem Wind sofort anlegen zu können. Schon mäßiger Gegenwind kann dem Canadierpaddler das Leben sauer machen, und ohne Spritzdecke werden die Wellen schneller ins Boot hüpfen als ihm lieb ist. Sollte das Kanu gar kentern – was bei Wind und Wellen schneller passiert als man „Scheiße!" schreien kann – dann besteht die Gefahr, daß es weggetrieben wird. Außerdem erfordern Bergung und Wiedereinstieg im Tiefwasser viel Übung. Und wehe dem, der dann weit vom Ufer entfernt ist!

Küsten

An Meeresküsten sind die Schwierigkeiten mit Wind und Wellen meist noch größer als auf Seen – und hinzu kommen Risiken durch Gezeitenströmungen und Tidenhub. Küstenfahrten erfordern daher spezielle Boote, entsprechende Kenntnisse und ein eigenes Buch zum Thema „Seakayaking".

Wellengang

Wesentliches Merkmal der (Dünungs)wellen auf Seen und an Küsten ist, daß in ihnen das Wasser praktisch stillsteht. Wie sich das zusammenreimt? Ganz einfach: Was sich fortbewegt ist nur die Welle, das Wasser selbst bleibt auf der Stelle. Das ist beim Wasser nicht anders als bei der Laola-Welle im Stadion. Aber selbst wenn Wellen nicht die Kraft des strömenden Wassers haben, so können sie ein kleines Boot doch sehr grob umherstoßen, abbremsen und durchschütteln. Oder schlagartig umkippen! Besonders gefährlich sind Wellen von der Seite; und besonders gefährdet sind flache Canadier.

Gewässerkunde

Besser nimmt man die Wellen mit Bug oder Heck. Wellen von hinten haben zwar den Vorteil, daß sie das Boot schieben - oder gar zum Surfen bringen - aber man hat sie nicht im Blick und muß mit unangenehmen Überraschungen rechnen. Wellen von vorn bremsen, sind dafür aber leichter einzuschätzen. Falls sie höher werden, entlastet man den Bug und nimmt sie nicht frontal, sondern leicht schräg, damit sich der Bug nicht hineinbohren kann.

Regelmäßige flache Wellen sind (bzw. wären) recht leicht zu bewältigen - auch wenn sie höher wachsen. Aber die gibt es nur weit draußen auf dem Ozean, wo man ihnen als Paddler höchst selten begegnet. Auf Seen und an Küsten hat man es mit allerlei Unregelmäßigkeiten zu tun: steilere, „härtere" Wellen, die Bug oder Heck aus dem Wasser heben oder darüber hereinbrechen können, höhere und niedrigere Wellen in unregelmäßiger Folge sowie gefährliche Kreuzwellen, die durch das Zurückprallen von steilen Ufern entstehen. Im Zweifellsfalle hilft nur eins: frühzeitig anlegen und aussitzen!

▼ *Ruhige Fließgewässer, wie die Uffinger Ache im bayerischen Voralpenland, sind ideal für die ersten Paddelversuche*

015-ka Abb.: rh

Fließgewässer

Wenn das balkenlose Element gar noch anfängt, sich zu bewegen - dann traut ihm manche Landratte erst recht nicht mehr. Das ist verständlich aber falsch. Verständlich, weil es immer Angst macht, wenn eine „fremde Gewalt" (die Strömung) einen packt, die man (noch) nicht kontrollieren kann. Falsch, weil auch auf dem Wasser alles relativ ist und das Wasser daher praktisch stillsteht, sobald das Boot frei darauf treibt (Voraussetzung: kein Wildwasser und keine Hindernisse!). Gleich nach dem Freibad oder dem Badestrand bei Windstille ist ein kleiner aber nicht zu schmaler Fluß mit geringer Strömung und ohne Hindernisse das ideale Anfänger- und Trainingsgewässer und allemal sicherer als eine offene Seefläche. Also sehen wir uns mal näher an, wie sich fließendes Wasser verhält.

Theoretisch läßt sich ein Fluß auf die einfache Formel $v = 2gh$ bringen. Aber keine Sorge! Mit mathematischen Formeln müssen Sie sich nicht belasten; denn Flüsse solcher Art fließen nur in den Physikbüchern und sind nicht befahrbar. Die wirklichen Flüsse verhalten sich ungleich komplexer. Dutzende von Faktoren (Gefälle, Windungen, Ablagerungen, Erosion, Reibung, Hindernisse) beeinflussen ihr Verhalten und machen den kleinsten Wiesenbach zu einem sogenannten „nichtlinearen System" mit hoher Neigung zu „chaotischem Verhalten". Das haben die Physiker neuerdings herausgefunden – aber jeder Paddler wird das ohne jede Berechnung bestätigen.

Den Taschenrechner kann man also zu Hause lassen. Dafür muß man die Zeichen lesen lernen und Erfahrung sammeln. Jeder Wasserlauf ist ein sehr lebendiges und eigenwilliges Wesen, bei dem winzige Veränderungen, z.B. des Wasserstandes, drastische Veränderungen des Verhaltens auslösen können.

Gewässerkunde

Das heißt: eine Stelle, die bei einem bestimmten Wasserstand problemlos zu befahren ist, kann bei steigendem Wasser weiterhin problemlos sein, bis irgendwann der kritische Punkt erreicht ist, und die Verhältnisse sich schlagartig so radikal verändern, daß die gleiche Stelle plötzlich schwierig oder gar lebensgefährlich ist!

Flußverlauf, Stromzunge und Kehrwasser

Kein natürlicher Fluß fließt schnurgerade. Und wenn die Landschaftsplaner ihn per Bagger dazu zwingen, so schafft er sich durch Ablagerungen bald wieder einen gewundenen Strömungsverlauf. Die schnellste Strömung, die **Stromzunge** oder **Hauptströmung,** verläuft nicht stets in der Flußmitte, sondern pendelt von einem Ufer zum andern in Richtung Außenbogen. Das ist um so ausgeprägter, je stärker der Fluß gewunden und je stärker sein Gefälle ist. In engen Kehren kann die Stromzunge bis ans Ufer des Außenbogens (**Prallhang**) rei-

▼ Prallhang,
Gleithang,
Kehrwasser

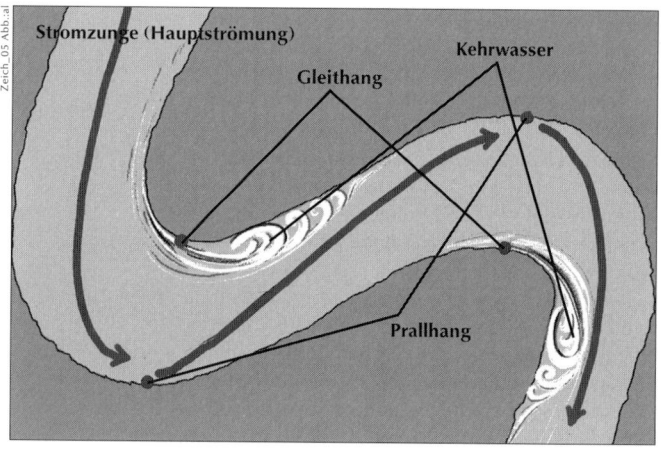

Stromzunge (Hauptströmung)

Kehrwasser

Gleithang

Prallhang

chen, während im Innenbogen **(Gleithang)** das Wasser durch Ablagerungen flach ist und entweder fast stillsteht oder sogar flußauf fließt **(Gegenstrom** oder **Kehrwasser).**

Wer schneller vorankommen will, indem er – wie auf der Straße - die Kurven schneidet, der wird bald merken, daß auf dem Wasser andere Gesetze gelten, weil der Fluß im Außenbogen zwar den längeren Weg hat, dafür aber auch rascher fließt. Nützlich können die Kehrwasser sein, wenn man auf einem rasch fließenden Gewässer kurz „parken" möchte, um den weiteren Flußverlauf zu überblicken, oder um aus einer stärkeren Strömung heraus anzulegen.

Wenn man auf schnell fließendem Wasser die Linie zwischen Stromzunge und Gegenströmung **(Scherlinie)** passiert, dann merkt man dies möglicherweise daran, daß das Boot plötzlich wie von Geisterhand herumgerissen wird und mit einem Mal flußauf zeigt. Bei noch stärkerer Strömung kann das Boot sogar wie von einer Riesenkeule getroffen umkippen. Mit solch ungestümen Strömungen allerdings wollen wir vorerst nichts zu tun haben (mehr dazu in einem späteren Kapitel).

Gefälle und Geschwindigkeit

Je stärker das Gefälle, desto schneller das Wasser. Dies scheint nur logisch. Aber nicht immer muß mit dem Gefälle auch der Schwierigkeitsgrad steigen; sowenig wie mäßiges Gefälle stets ein Garant für leichtes Paddeln ist. Zu viele Faktoren spielen eine Rolle (Breite, Tiefe, Hindernisse, Wasserstand). Und wer hat schon eine Vorstellung davon, wie schnell das Wasser bei einem Gefälle von sagen wir 3‰ sein mag?! Na?

Gering sind Gefälle von weniger als 1‰ (d.h. 1 m Höhenunterschied auf 1000 m Flußstrecke). Die Strömungsgeschwindigkeit wird dort bei etwa 1-3 km/h

Gewässerkunde

53

liegen, so daß man mühelos stromauf paddeln kann. Flüsse mit einem Gefälle von mehr als 5‰ lassen schweres Wildwasser erwarten und sind für Wasserwanderer meist ungeeignet. Bei Gefällen zwischen 1‰ und 5‰ sind Strömungsgeschwindigkeit und Befahrbarkeit für Wanderpaddler von Faktoren wie Verblockung, Wasserführung etc. abhängig.

Als Anfänger sollte man alle Wasserläufe meiden, die schneller fließen als man paddeln kann (ca. 5-7 km/h). Andererseits gibt es große Flußläufe, die trotz einer Geschwindigkeit von 12 oder 14 km/h problemlos befahrbar sind, solange sie frei von Hindernissen sind. Andere Flüsse wiederum haben trotz einem durchschnittlichen Gefälle von nur 2-3‰ Stellen mit schwerem Wildwasser. Immerhin sind dies alles Durchschnittswerte! 90% des Flusses können flacher verlaufen, während das restliche Zehntel um so steiler und schneller ist. Außerdem verändert sich die Fließgeschwindigkeit mit dem Wasserstand. Man sieht: Gefälle und Geschwindigkeit mögen wichtige Informationen sein; für sich allein reichen sie jedoch nicht aus, um einen Fluß zu beurteilen.

Schwierigkeitsgrad

Der Schwierigkeitsgrad einzelner Abschnitte eines Flußlaufes wird nach der Schwierigkeitstabelle des DKV klassifiziert. Diese Angaben findet man dann in vielen Flußbeschreibungen und Paddelführern. Die DKV-Tabelle umfaßt drei Schwierigkeitsgrade für Zahmwasser und sechs für Wildwasser. Wanderpaddler mit beladenem Kanu können – entsprechende Erfahrung und Ausstattung vorausgesetzt! – Wildwasserstellen der Schwierigkeit I, II und evtl. III noch befahren. Alles was darüber liegt, ist das Revier der Wildwasserspezialisten und kann hier unterschlagen werden.

Zahmwasser I

Stehende und langsam fließende Gewässer bis maximal 4 km/h (langsamer als Fußgänger), auf denen man mühelos gegen die Strömung paddeln kann. Ideal für Anfänger zum Üben der Grundtechniken.

▲ Wilder Ritt bei Hochwasser durch die Sonthofener Stufen der Oberen Iller (WW II-III)

Zahmwasser II

Fließende Gewässer mit 4-7 km/h (schneller als Fußgänger), auf denen man sich durch Rückwärtspaddeln auf der Stelle halten und mit Anstrengung noch gegen den Strom paddeln kann. Nach dem Erlernen der Grundtechniken geeignet, um mit der Strömung vertraut zu werden.

Zahmwasser III

Fließgewässer mit einer Geschwindigkeit von mehr als 7 km/h, die auch durch kräftiges Rückwärtspaddeln nicht mehr überwunden werden kann. Zusätzlich können Kiesbänke, Brückenpfeiler, Kehrwasser und andere Hindernisse bereits gute Bootsbeherrschung erfordern.

Wildwasser I Leicht

Vereinzelte kleine Schwälle mit regelmäßigen, meist niedrigen Wellen. Die zweckmäßigste Durchfahrt ist klar zu erkennen. Möglichen Hindernissen wie Kiesbänken, Brückenpfeilern oder Uferbauten muß man ausweichen.

Wildwasser II Mittelschwer

Häufig vorkommende Schwälle mit meist noch regelmäßiger Wellenbildung, leichte Wirbel, Walzen und Kehren, einfache Hindernisse im Stromzug und kleinere Stufen. Die zweckmäßige Durchfahrt ist meist klar erkennbar. Leichte und mittelschwere Floßgassen und Wehrdurchfahrten.

Wildwasser III Schwierig

Zahlreiche Schwälle mit hohen, unregelmäßigen Wellen, Brechern, Walzen, Wirbeln und Kehren; einzelne Felsblöcke und Stufen im Stromzug. Die zweckmäßige Durchfahrt ist nicht immer klar erkennbar. Schwierige Floßgassen. Obere Grenze Wanderpaddler!

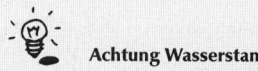

Achtung Wasserstand

Angaben dieser Art in Flußbeschreibungen gehen von Normalwasser aus; und bereits geringe Änderungen des Wasserstands können den Schwierigkeitsgrad drastisch verändern. Also: Auch wenn Sie die angegebene Schwierigkeit mühelos beherrschen, sehen Sie sich unterwegs die kritischen Stellen lieber noch einmal an, ehe Sie hineinfahren!

Was kommt danach?!

Für den Schwierigkeitsgrad einer bestimmten Stelle spielt nicht nur diese Stelle selbst eine Rolle, sondern auch das, was dahinter folgt! Selbst eine Stufe, die für sich allein genommen problemlos ist, muß als sehr schwierig oder unfahrbar gelten, wenn kurz danach ein schwieriger Katarakt folgt, vor dem man nur schwer anlegen kann. Um den Schwierigkeitsgrad eines Flußabschnitts beurteilen zu können, muß man ihn daher unbedingt bis zur nächsten Stelle erkunden, an der man mit Sicherheit wieder anlegen kann!

Gewässerkunde

055-ka Abb.: rh

0174ka Abb. sh

Paddeltechnik

Stromauf – flußab:
Meist ist „stromauf" das gleiche wie „flußauf" - es sei denn, man setzt sein Kanu in einem Kehrwasser ein, dann zeigt der Bug stromauf, aber flußab!

Genug von Bootstypen, -materialien und -querschnitten, genug von Paddellängen und Flußmorphologie. Jetzt lassen wir die Schiffchen schwimmen! Wie so oft ist zwar die Praxis – fast! – alles, trotzdem kann Ihnen die theoretische Anleitung das eine oder andere unfreiwillige Bad ersparen und umständliches Learning-by-doing abkürzen.

Grundlagen

Einsetzen

▼ *Zum Einsetzen wird das Kanu am Bug gepackt - und mit dem Heck voran aufs Wasser geschoben*

Wählen Sie für Ihren ersten „Stapellauf" kein hohes oder steiles Ufer, dann werden Sie keine Probleme haben. Ideal ist ein flaches Ufer mit geringer Strömung und einem niedrigen Steg oder einer Ufertreppe. Korrekt trägt man das Boot ans Ufer und setzt es erst auf dem Wasser ab. Man kann es aber auch mit dem Heck voran ins Wasser schieben (s. Abb.). Bei stehenden Gewässern funktioniert es Bug voran genauso gut. Auf Fließgewässern hingegen startet man gewöhnlich gegen die Strömung, und wenn man das Heck zuerst ins Wasser läßt, dann wird das Boot von der Strömung automatisch mit dem Bug ↗stromauf gedreht.

Wenn Sie später einmal Ihr Schiffchen in kräftigerer Strömung zu Wasser lassen wollen, dann schieben Sie es nicht zu zögerlich hinein und auch nicht im rechten Winkel zur Strömung, sondern mit dem Heck schräg stromab, sonst reißt die Strömung es hinten herum, ehe es ganz auf dem Wasser liegt, und es kentert womöglich.

Einsteigen

„Was – jetzt will er mir gar noch das Einsteigen erklären?!". Immer wieder gibt es Leute, die kommen sich etwas verscheißert vor, wenn man ihnen erklären will, wie sie ins Kanu einsteigen sollen. Bei einem Wander-Canadier ist das sicher kein Problem. Aber selbst da habe ich schon „Überflieger" erlebt, die schneller drüben im Bach lagen, als sie hüben ins Boot gekommen waren. Und beim Kajak geht das noch viel fixer!

Also: Greifen Sie mit den Händen beide Süllränder und setzen Sie den einen Fuß in die Mitte des Bootes, während die Last noch ganz auf dem Landbein ruht. Dann verlagern Sie das Gewicht auf den im Boot stehenden Fuß, ziehen das andere Bein nach und gehen gleichzeitig in die Hocke. Wichtig ist es, den Schwerpunkt rasch nach unten zu bekommen und nicht lange halb stehend herumzuturnen. Wer freihändig einsteigen will oder gar mit einem eleganten Sprung, der muß entweder Übung haben oder er ist ein erstklassiger Bade-Kandidat!

Wenn das Ufer oder der Steg etwa in gleicher Höhe mit dem Süllrand liegt, ist die **Paddelbrücke** hilfreich: man legt das Paddel vor sich quer über die Süllränder bis aufs Ufer und stützt sich darauf ab, so daß das Kanu zwischen Wasser und Paddel fixiert wird und gar nicht mehr kippen kann. Weiter wie oben. Zum Einstieg in Kajaks mit enger Luke hat sich die **Paddelbrücke**

Vorsicht Strömung

Je stärker die Strömung, desto mehr muß man darauf achten, daß beim Einsteigen und solange man sich am Ufer festhält, das stromauf weisende Ende möglichst dicht am Ufer liegt. Sonst kann es vorzeitig von der Strömung erfaßt und herumgerissen werden. Und wer sich dann weiter krampfhaft am Ufer festklammert, der riskiert ein kühles Bad.

Paddeltechnik

hinten bewährt. Man legt dazu das Paddel hinter der Luke quer, setzt sich drauf und läßt sich vorwärts hineinrutschen.

Beim **Zweier** steigt stets derjenige zuerst ein, der in Stromab-Position sitzt. Macht man es anders herum, dann liegt das Stromauf-Ende tiefer im Wasser. Es wird daher von der Strömung stärker angegriffen und ist schwieriger am Ufer zu halten. Richtig gemacht, hilft die Strömung mit, das Boot in Position zu halten. Während der eine einsteigt, kann der andere das Boot stabilisieren.

Paddelhaltung

▼ Im Schlauch-Canadier kann das Paddel wegen der dicken Außenschläuche nicht senkrecht geführt werden.

Beim **Doppelpaddel** sind die beiden Blätter in einem Winkel von etwa 55–85° gegeneinander verschränkt. Dies ermöglicht einen harmonischeren Bewegungsablauf beim Paddeln und das obere Blatt wird mit der flachen Kante durch die Luft geführt,

was sich besonders bei Gegenwind bemerkbar macht. Man greift den Schaft im Abstand von etwas mehr als Brustbreite, so daß Ober- und Unterarme einen rechten Winkel bilden, wenn man das Paddel über den Kopf hält. So erzielt man die günstigste Hebelwirkung und eine optimale Paddelführung. Bald schon wird man den Abstand gefühlsmäßig richtig wählen und der jeweiligen Situation anpassen. Eine Hand hält den Schaft fest umschlossen und ändert die Blattstellung durch Drehungen aus dem Handgelenk; die andere liegt nur lose um den Schaft und greift nur so lange zu, wie sie das Blatt durchs Wasser ziehen muß.

Beim **Stechpaddel** (Canadierpaddel) umgreift die eine Hand (falls man rechts paddelt die linke) den Knauf von oben her (und nicht etwa den Schaft unterhalb des Knaufs!), die andere umfaßt den Schaft etwa 1-2 Handbreit über dem Blattansatz.

Paddel-Position

Der **Faltboot-** oder **Kajakpaddler** sitzt aufrecht im Boot, die Füße auf dem Stemmbrett, bzw. der Steuervorrichtung, die Beine leicht angewinkelt und gespreizt. Da ist nicht viel zu erklären. Für den Canadierpaddler hingegen gibt es mehr als ein halbes Dutzend unterschiedlicher Positionen, die in bestimmten Situationen ihre Vorteile haben. Zunächst werden Sie sich einfach auf die Bank setzen und die Beine entweder gespreizt nach vorn strecken (guten Halt hat man so nur mit Fußstütze oder wenn man sich am Gepäck abstemmen kann) oder unter den Sitz schlagen. Im zweiten Fall brauchen Sie nur etwas nach vorn zu rutschen und schon befinden Sie sich in **kniender Dreipunkt-Position,** wobei der verlängerte Rücken an der Sitzbank Halt findet oder – wenn Sie noch etwas nach vorn rutschen – auf den Fersen zu sitzen kommt. Der Schwerpunkt wird dabei tiefer gelegt, und man erhält eine besonders stabile Position, die sich in rauherem Wasser bewährt, da sie schnelle, präzise Manöver ermöglicht. Und das Boot läßt sich so am besten kontrollieren läßt. Das „Dreipunkt-Knien" kann man bei etwas Übung sehr lange als bequem empfinden, das „Auf-den-

▼ Mit etwas Übung kann man in halb kniender Position stundenlang paddeln

022-4a Abb. rh

Paddeltechnik

Fersen-Sitzen" ist strapaziöser. Um Muskeln und Gelenke zu entlasten, kann man zwischen verschiedenen Positionen wechseln.

Solo-Paddler sitzen in der Bootsmitte und können etwas zur Paddelseite rutschen, so daß der Canadier leicht aufkantet. Bug und Heck heben sich dadurch aus dem Wasser, die Wasserlinie wird verkürzt, und das Boot ist dadurch wendiger. Das kann auf schnellem Wasser mit Hindernissen vorteilhaft sein. Auf einfachem Zahmwasser hingegen ist eine lange Wasserlinie vorteilhaft (s.o. Fahreigenschaften).

Die ersten Paddelschläge

Zum Üben sollte man auch im Zweier zunächst allein paddeln, damit man die Auswirkung seiner Schläge direkt spürt und nicht den anderen für alles verantwortlich macht, was mißlingt. Dabei wird entweder der Bugpaddler zur Untätigkeit verdonnert. oder man setzt sich gleich allein in den Zweier und zwar verkehrt herum auf den Bugsitz, so daß man mit dem Heck voraus paddelt. So liegt der Schwerpunkt fast in der Mitte des Kanus Noch besser ist die kniende Position dicht hinter der Mittelstrebe; für die Gesäßabstützung gibt es Einhängegurte.

Grundschlag

Jetzt sitzen Sie in Ihrem Canadier, das **Stechpaddel** fest in den Händen und haben sich dazu entschlossen, rechts zu paddeln. Gut. Dann geht zunächst der rechte Arm stracks nach vorn, so als wolle er jemand eins vor den Latz geben. Die rechte Schulter macht die Bewegung mit und der ganze Oberkörper dreht sich in der Taille hinterher, um die beiden zu unterstützen. Das Paddelblatt greift nach vorn und sticht nahe der Bordwand und im rechten Winkel zu ihr steil ins Wasser ein. Wenn es weder spritzt noch platscht, dann stimmt's. Nun gilt es, das Blatt parallel zur Bordwand kräftig und gleichmäßig nach hinten zu ziehen (es soll dabei ganz im Wasser sein, aber die untere Hand soll nicht naß werden). Dazu dreht sich der Oberkörper in der Taille etwas nach rechts, die rechte Schulter geht nach hinten und die linke kommt vor. Die untere (rechte) Hand wird nur wenig nach hinten gezogen (etwa bis der Ellbogen neben dem Körper liegt). Sie dient in erster Linie als Druckpunkt oder Widerlager, während die obere Hand den Paddelknauf kräftig nach vorn stößt und dabei die Hebelwirkung nutzt. **Hebelwirkung** – das ist der Knackpunkt eines effizienten und kräfte-schonenden Schlags. Hat das Blatt die Höhe der ei-genen Sitzposition passiert, so wird es aus dem Wasser gehoben, mit der oberen Hand so gedreht, daß es mit der Außenkante nach vorn flach durch die Luft wieder in Richtung Bug geführt werden kann (geringer Luftwiderstand), worauf sich die glei-che Prozedur wiederholt.

Das mag sich kompliziert anhören, ist aber ein simpler Ablauf, der rasch in Fleisch und Blut übergeht. Sie können den Bewegungsablauf bereits am Ufer als Trockenübung trainieren. Wichtig für einen guten Schlag ist, daß der gesamte Oberkörper daran betei-ligt ist (Rücken-, Bauch- und Schultermuskulatur), und daß man die Hebelwirkung nutzt. Auch wenn es zunächst unvorstellbar scheint: nach einigen Stunden Übung wird daraus ein flüssiger Bewegungsablauf, den man stundenlang durchhalten kann.

Mit dem **Doppelpaddel** ist der Bewegungsablauf im Grunde ähnlich, nur daß die Rückholphase (in der das Blatt wieder nach vorn geführt wird) entfällt, da zugleich das gegenüberliegende Blatt seine Ar-beitsphase hat. Da die Blätter beim Doppelpaddel nicht so steil eintauchen, wie beim Stechpaddel, sollten sie mit der Oberkante leicht nach hinten ge-kippt werden, um nicht zu unterschneiden.

Paddeltechnik

Anlegen und Aussteigen

Was?! Kaum losgepaddelt, da sollen wir schon wieder anlegen? Sorry, aber bevor Sie sich zu weit hinaus wagen, sollten Sie wissen, wie Sie sicher wieder ans Ufer gelangen. Oder? Also: Angelegt wird wieder mit dem **Bug gegen die Strömung** (andere Möglichkeiten später), denn so läßt sich das Boot am einfachsten abbremsen und „einparken". Versucht man in schneller strömendem Wasser mit dem Bug stromab ans Ufer zu fahren, dann ist es schwierig, rechtzeitig die Fahrt abzubremsen. Der Bug wird höchst unsanft gegen die Steine rumsen und abrupt zum Stillstand kommen, während die Strömung das Heck packt und das Boot quertreibt. Entweder es schmeißt einen gleich um, oder Sie treiben rückwärts den Bach runter – was dann besonders peinlich werden kann, wenn Sie vor einem Wehr oder einer Stromschnelle rasch anlegen wollten!

▼ Vom Winter überrascht, hat dieser Canadier auf dem Big Salmon eine Eiskruste angesetzt.

023-ka Abb. rh

Mit dem **Bug stromauf** hingegen, können Sie durch Vorwärtsschläge die Geschwindigkeit des fließenden Wassers aufheben und das Boot mit dem Bug zuerst ans Ufer drücken. Wiederum steigt der **Bugpaddler zuerst** aus (warum, das steht in „Einsteigen") und stabilisiert das Boot. Und wiederum ist darauf zu achten, daß das Stromauf-Ende dicht am Ufer bleibt.

Steuerschläge

Ohne „Steuern" geht nix. Das sieht nicht nur der Finanzminister so. Wollen Sie Ihr Schiffchen nicht den Launen der Strömung überlassen, dann müssen Sie es steuern lernen! Ja, im Canadier kann man noch nicht einmal geradeaus fahren, ohne einen Steuerschlag zu beherrschen. Kajakfahrer haben es einfacher. Da sie auf beiden Seiten paddeln, fährt ihr Boot schon von sich aus einen eher geraden Kurs. Außerdem hat es entweder gleich eine Steuervorrichtung oder man korrigiert, indem man einfach links oder rechts etwas kräftiger reinlangt. Für Canadier-Paddler gestaltet sich die Sache schwieriger: Mit dem Grundschlag können sie ihr Boot zwar von der Stelle bewegen, aber das war's dann schon. Wohin die Fahrt geht, das bleibt zunächst noch eher eine Überraschung. Da man das aber früher oder später doch gerne selbst bestimmen will, müssen ein paar Steuerschläge her.

Ich kann es Ihnen gleich verraten: die Beschreibung selbst der einfachsten Schläge hört sich manchmal fürchterlich vertrackt an. Nicht erschrecken – es ist halb so wild. Solange Sie noch nach „Gebrauchsanleitung" paddeln, wird es sich nicht vermeiden lassen, daß Sie einige unfreiwillige Pirouetten drehen, „kreuzen" wie ein Segler bei Gegenwind und den schönsten „Kanu-Walzer" auf die Wasserfläche legen. Machen Sie sich nichts daraus. Nach ein paar Stunden Training wird der Bewegungsablauf zur Routine, und Ihr Schiffchen wird sich brav dorthin begeben, wo Sie es haben wollen.

J-Schlag (Abbildung S. 69)

Im Canadier werden Sie gleich bei den ersten Grundschlägen gemerkt haben, daß der Bug von der Paddelseite wegschwenkt. Man sagt: das Boot

Die meisten der unten beschriebenen Schläge können zwar auch mit dem Doppelpaddel ausgeführt werden, um die Beschreibungen jedoch nicht durch Doppelgleisigkeit zu komplizieren, beschreibe ich sie für den Stechpaddler – und bitte alle Doppelpaddler dafür um Verständnis.

Paddeltechnik

giert. Jetzt werden Sie spontan die Paddelseite (**Arbeitsseite**) wechseln wollen, um diese Abweichung zu korrigieren. Stop! Tun Sie's nicht! Sonst kreuzen Sie im Zickzackkurs dahin, als müßten Sie einen Verfolger abschütteln. Üben Sie lieber von Anfang an den richtigen **Heck-Steuerschlag:** den J-Schlag.

Beidseitig

Nicht einseitig werden Es ist ratsam, alle oder zumindest die wichtigsten Schläge (Grundschlag, J-Schlag, Bogenschlag) von Anfang an auf beiden Seiten einzuüben. Zwar kann man beim Tourenpaddeln sein Boot fast immer durch Schläge auf nur einer Seite in jede gewünschte Richtung steuern, aber in bestimmten Situationen sind Schläge auf der Gegenseite weit effektiver und manche Manöver (z.B. Kehrwasserfahren) fallen dem Solopaddler leichter, wenn er beidseitig paddeln kann. Außerdem wird beim Zweier-Paddeln der Partner irgendwann die Seite wechseln wollen, um die Arme zu entlasten.

Den richtigen? Ja, denn es gibt auch einen „falschen" Heck-Steuerschlag. Er wird auch „Deppenschlag" genannt und hat zwar in bestimmten Situationen seine Berechtigung, „passiert" aber meist aus Bequemlichkeit. Das sieht dann so aus: am Ende des Grundschlages lassen vor allem Anfänger das Blatt noch im Wasser, stellen es hochkant (Außenkante oben) und setzen es wie ein Steuerruder ein. Um die Kursabweichung durch das Gieren auszugleichen, wird dabei meist die **passive** Seite des Blattes von der Bordwand weg nach außen gedrückt oder gehebelt.

*Als **passive Seite** des Blattes bezeichnet man die, die beim Grundschlag nach vorn zeigt, also nichts arbeitet.*

Diese Art der Kurskorrektur funktioniert zwar ebenfalls, ist aber weniger effektiv und stört den harmonischen Bewegungsablauf. Lassen Sie das gar nicht erst einreißen! (Ausnahme: Für schnelle Korrekturen kann ein Heckhebel (s.u.) sinnvoller sein als der J-Schlag).

*Als **aktive** oder **Ziehseite** bezeichnet man die, die beim Grundschlag nach hinten zeigt und gegen das Wasser drückt.*

Der **„richtige" J-Schlag** beginnt genau wie der Grundschlag, das Paddel wird jedoch am Körper vorbei weiter nach hinten geführt. Dabei wird die **aktive** oder **Ziehseite** des Blattes mit der oberen Hand parallel zur Bordwand nach außen gedreht und vom Boot weg gedrückt. Das kann frei aus der

Die in diesem Handbuch verwendeten Symbole

(1) aktive Blattseite
(2) passive Blattseite
(3) Ablauf und Richtung des Schlags
(4) Schlagrichtung
(5) Bewegungsrichtung des Bootes
(a) nur vorwärts bzw. seitwärts
(b) vorwärts und seitwärts zugleich

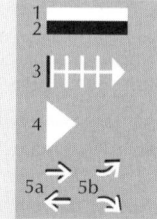

Schlaege_2h Abb.: al

076kh Abb.: rh

077-ka Abb.: rh

Paddeltechnik

1

2

078-ka Abb.: rh

079-ka Abb.: rh   082kh Abb.: rh

3

4

080-ka Abb.: rh

5

Schlaege_1b Abb.: al

Richtiger J-Schlag

Blattdrehung ab (3): Der Daumen der oberen Hand zeigt Ende des Schlags nach unten

J-Schlag

Deppenschlag:

Diesen erkennt man übrigens sofort daran, daß der Daumen am Paddelknauf nach oben zeigt, während er beim richtigen J-Schlag nach unten weist.

Hand geschehen oder – wenn man die untere Hand schonen will – indem man den Schaft gegen den Süllrand lehnt und hebelt. Dieser J-förmige Bogen (daher der Name!) korrigiert das Gieren und ermöglicht es dem Solopaddler, mühelos einen geraden Kurs zu steuern, ohne die Paddelseite wechseln zu müssen.

Mühelos?! Nach den ersten Versuchen werden Sie mir wohl eher das Paddel um die Ohren hauen, als das zu glauben. Zugegeben: ein sauberer J-Schlag erfordert einige Übung, und am Anfang kommt man sich fürchterlich linkisch dabei vor. Aber er ist der wichtigste Schlag für den Canadier-Paddler und wenn er erst einmal sitzt, dann ist das schon der halbe „Indianer".

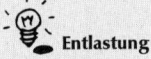
Entlastung

Da der J-Schlag frei aus der Hand geführt auf Dauer anstrengend ist, kann man ruhig zwischendurch auch einmal am Süllrand hebeln oder mit dem „falschen Hecksteuerschlag" korrigieren.

C-Schlag (Abb. S. 71)

Je nachdem, wie stark Sie das „J" betonen, können Sie den Kurs korrigieren und sogar eine Kurve zur Paddelseite hin fahren. Dazu stechen Sie Ihr Paddel nicht dicht an der Bordwand ein, sondern weiter außen, und ziehen es zunächst ans Boot heran; d.h. aus dem „J" wird ein nach außen offener Bogen. Im Tandem-Canadier beginnt das C des Heckpaddlers auf Körperhöhe (Halb-C) bzw. wird durch den Heckhebel ersetzt; beim Bugpaddler endet es auf Körperhöhe bzw. wird durch den Bugziehschlag ersetzt.

Schlag mit angewinkeltem Paddel

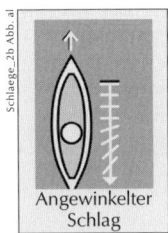
Angewinkelter Schlag

Hierbei wird das Paddel auf der Hälfte des Grundschlags mit der Innenkante nach hinten gedreht und sehr schnell durchgezogen, so daß es schräg durchs Wasser schneidet und das Heck von der Arbeitsseite weg drückt. So erspart man sich das J und kann

▲ *C-Schlag*

Paddeltechnik

zügiger paddeln. Aber auch dieser Schlag erfordert
Kraft und Übung.

Bogenschlag (Abb. S. 72)

Wenn der nach außen offene Bogen (C-Schlag) eine
Kurve zur Paddelseite hin bewirkt, dann werden Sie
leicht erraten, wie man eine Kurve von der Paddelseite weg fährt. Richtig: durch einen nach innen offenen Bogen = „Bogenschlag". Das Paddel wird vorn
dicht an der Bordwand eingesetzt und in weitem Bogen nach außen geführt und hinter dem Körper wieder an die Bordwand heran. Weit nach außen greifen und kräftig durchziehen! Je weiter der Halbkreis,
desto effektiver der Schlag und desto enger die Kurve. Im Tandem-Canadier beginnt der Bogen des
Heckpaddlers auf Körperhöhe (Halbbogen) bzw.
wird durch den Heckziehschlag ersetzt; beim Bugpaddler endet er auf Körperhöhe bzw. wird durch
den Bughebel ersetzt. Der Bogenschlag ist recht ein-

Bogenschlag vorwärts
Treibt den Bug von der Paddelseite weg

Bogenschlag rückwärts
Holt den Bug zur Paddelseite hin (dargestellt ist die erste Hälfte des Schlags)

fach und neben dem „J" der wichtigste Steuerschlag für Wanderpaddler. Mit beiden zusammen können Sie Ihr Boot bereits nach rechts und links dirigieren – und viel mehr braucht es für den Anfang gar nicht.

 ▼ *Ziehschlag*

Zieh- und Hebelschlag (Abb. S. 73 u. 74)

Bei den bisherigen Steuerschlägen wird das Kanu gedreht und gleichzeitig nach vorn bewegt (wie ein Auto, das eine Kurve fährt). Manchmal will man es aber auch nur zur Seite versetzen. Zur Paddelseite hin geschieht dies durch den seitlichen **Ziehschlag**: das Paddel wird mit dem Blatt parallel zur Bordwand ein Stück vom Kanu entfernt eingestochen und an das Boot herangezogen. Das Gegenstück dazu ist der

💡 Rückwärtsgang

Grundschlag, C-Schlag, Bogenschlag und möglichst auch J-Schlag sollte man frühzeitig auch rückwärts üben. Dazu wird „einfach" die Schlagrichtung umgekehrt und die bisher passive Blattseite wird zur aktiven. Einfach ist das Prinzip, aber bis es richtig klappt braucht man Übung.

Paddeltechnik

1

2

3

4

▲ Hebelschlag
Übergegriffener
Bugzug

seitliche **Hebelschlag** (oder Druckschlag). Hierzu wird das Blatt – ebenfalls parallel zur Bordwand – aber dicht am Boot (oder sogar schräg darunter) eingestochen und mit der passiven Seite nach außen gehebelt, indem man den Schaft am Dollbord abstützt und am Knauf nach innen zieht.

> 💡 **Achtung beim Hebelschlag**
> *Der Hebelschlag ist - besonders unter Fahrt - keine ganz ungefährliche Sache! Kommt zuviel Druck auf das Blatt (z.B. durch Querströmung), dann wird dieser Schlag selbst einen stabilen Canadier umschmeißen oder den Paddler über Bord katapultieren! Beim Ansetzen des Schlages sollte man sich daher tunlichst von der Paddelseite weg lehnen.*

Um den etwas riskanten Hebelschlag in schwierigerem Wasser zu vermeiden, kann man **übergreifen** und auf der gegenüberliegenden Seite einen Ziehschlag ansetzen. Dabei wird der Griff am Paddel nicht geändert, sondern nur der Oberkörper weit gedreht!

Versetzen (Abb. S. 75, 1 u. 2))
Um das Kanu genau seitlich zu versetzen, müssen diese Schläge entweder auf Höhe der Bootsmitte oder hinten und vorn gleichzeitig ausgeführt wer-

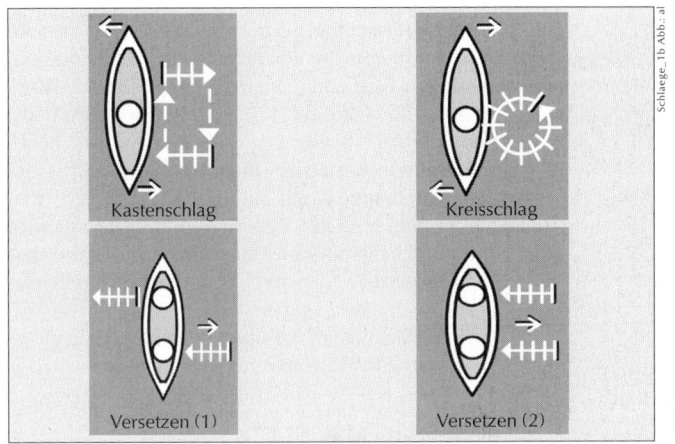

Kastenschlag

Kreisschlag

Versetzen (1)

Versetzen (2)

Schlaege_1b Abb.: al

den. Entweder seitlicher Zieh- und Hebelschlag kombiniert oder hinten seitlicher Ziehschlag und vorn übergegriffener seitlicher Ziehschlag.

Bug- und Heckziehschlag und -hebel

Um das Kanu rasch zu drehen, werden die Ziehschläge nicht seitlich, sondern im Halbbogen zum Bug bzw. Heck hin ausgeführt; bzw. als Hebel vom Bug bzw. mit der passiven Seite vom Heck nach außen (s.S. 80 Abb. 1+5). Diese Schläge sind für rasche Korrekturen sehr wirksam und wichtig. Vorsicht bei Hebeln!

Kastenschlag und Kreisschlag (s.o.)

Als Solopaddler kann man sein Boot sehr effektiv auf der Stelle drehen, indem man Zieh- und Hebelschlag zu einer flüssigen Bewegung kombiniert und sozusagen im Wasser „rührt". Da das Blatt dabei im Wasser eine Art Rechteck beschreibt, wird diese Kombi-

Aufkanten:
Von Aufkanten spricht man, wenn das Kanu zur Arbeitsseite hin gekantet wird.

Wegkanten:
Kanten von der Arbeitsseite weg heißt wegkanten oder Kanten zur Gegenseite.

Paddeltechnik

75

nation als **Kastenschlag** bezeichnet. Noch effektiver ist der **Kreisschlag,** bei dem die aktive Seite stets die gleiche bleibt. Um zur Arbeitsseite hin zu drehen, führt das Blatt nach einem Bogenschlag rückwärts die zweite Hälfte des Kreises unter dem Boot aus. Von der Arbeitsseite weg dreht man entsprechend, indem man mit einem Bogenschlag vorwärts beginnt. In beiden Fällen muß der Schaft in den Händen rotieren. Beide Kasten- und Kreisschläge sind noch wirksamer, wenn man das Kanu dabei zur Schlagseite hin ↗ aufkantet. Dann kann man sehr elegant auf der Stelle drehen. Allerdings besteht bei beiden Schlägen auch das oben beim Hebelschlag beschriebene Risiko einen „Krebs zu fangen"!

Wriggen (Abb. S. 77)

Beim Wriggen wird das Paddel neben der Bordwand vor und zurück bewegt, wobei das Blatt im Winkel von etwa 45° zur Bordwand steht. Bei jeder Richtungsänderung wird auch der Anstellwinkel gedreht, so daß die Arbeitsseite stets schräg zum Boot her zeigt. Auf diese Weise wird das Boot zum Paddel hin seitlich versetzt, wenn man als „Solist" in der Bootsmitte wriggt bzw. im Zweier hinten und vorn auf der gleichen Seite.

Versetzen oder stützen

Um das Boot seitlich zu versetzen, wird nahe der Bordwand mit steil gehaltenem Paddel gewriggt; um es zu stabilisieren, wird der Schlag mit flach gehaltenem Paddel möglichst weit von der Bordwand entfernt ausgeführt. (Abb. S. 77)

Weist die Arbeitsseite schräg vom Boot weg, so wird das Kanu vom Paddel weg versetzt. Das Wriggen erfordert einige Übung, hat aber gegenüber den Zug- und Hebelschlägen den Vorteil, daß das Paddel dabei jederzeit im Wasser ist und das Boot stabilisiert. Außerdem braucht man es später noch dringend, falls man auch anspruchsvollere Gewässer befahren will.

Teamwork (Abb. S. 80)

Daß im Zweier-Canadier grundsätzlich auf gegenüberliegenden Seiten gepaddelt wird, leuchtet ein.
Dann giert das Kanu weniger, und man spart sich
einen Teil der J-Schläge.

Im **Canadier** haben **Bug-** und **Heckpaddler** unterschiedliche Aufgaben. Während der Bugmann
(bzw. die Bugfrau – ich sag das aber nicht jedesmal
dazu, okay?) auf einer normalen Wanderfahrt in er-

▲▲ *Wriggen, steil:*
versetzt das Kanu
zur Paddelseite hin
(Fotos) oder davon
weg (bei umgekehr-
tem Blattwinkel)

▲ *Wriggen, flach:*
stabilisiert wie ein
Ausleger (Blatt wie
Ski übers Wasser)

77

ster Linie für Schubkraft sorgt und die Schlagzahl vorgibt (mit dem **Grundschlag),** hat der Heckpaddler die effektivere Steuerposition und daher die Verantwortung für den Kurs, der durch **J-** und gelegentliche **Bogenschläge** gesteuert wird.

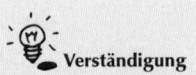

Verständigung

Da der vorn sitzende Paddler Hindernisse wie z.B. flache Steine früher erkennt als sein Hintermann (dem er die Sicht versperrt) ist eine gut funktionierende Kommunikation um so wichtiger, je schwieriger die Verhältnisse werden. Für lange Erklärungen ist keine Zeit, so daß man sich schon vor dem Ablegen auf klare, kurze Kommandos einigen muß. Wenn der Vordermann „Links!" brüllt, muß der Hintermann sofort wissen, ob damit „links steuern" gemeint ist oder „links lauert ein Felsen"! Fährt man in einer Gruppe mit mehreren Booten, so ist die Verständigung zwischen den Booten durch das Rauschen des Wassers manchmal nicht möglich. Dann muß man auf eindeutig festgelegte Handzeichen zurückgreifen. (Abb. S. 79)

Falsch wäre die Annahme, daß jeder von beiden **nur** für die genannte Aufgabe zuständig ist. Natürlich hat auch der Heckpaddler seinen Teil zum Antrieb beizusteuern. Und in schwierigen Situationen (Wind, Querströmungen, Hindernisse) kann der Bugpaddler ihn sehr wohl bei der Steuerung unterstützen: etwa durch **Zieh- oder Hebelschläge** am Bug (Vorsicht!), oder auch durch einen **Rückwärtsschlag** (Konterschlag); d.h. indem er auf der Seite abbremst, in die der Bug schwenken soll. Näheres dazu s.u.

Beim **Faltboot-Zweier** ist es wichtig, daß der Heckmann seinen **Rhythmus** exakt nach dem des Bugpaddlers ausrichtet, sonst kommt man sich rasch in die Quere und anstatt zu paddeln werden die „Klingen gekreuzt". Im Canadier hat jeder „seine" Seite, auf der er ungehindert werkeln kann. Dennoch: es sieht nicht nur eleganter aus, sondern bringt auch zusätzliche Stabilität, wenn man „im Gleichschritt" paddelt.

Kombinierte Schläge im Zweier (S. 80)

Auch wenn im Zweier auf beiden Seiten gepaddelt wird, giert das Boot leicht zur Paddelseite des Vordermannes, so daß der Hintermann, um einen geraden Kurs zu halten, ebenfalls mit einem J-Schlag korrigieren muß. Meist reicht jedoch ein abgeschwächtes J oder ein J bei jedem zweiten oder dritten Schlag. Leichte Kursänderungen kann der Heckpaddler allein durchführen: durch einen stärkeren J-Schlag oder einen Bogenschlag.

Bei **schnellen Kursänderungen** (z.B. bei Hindernissen, im Wildwasser oder beim Ab- und Anlegen) ist die **Unterstützung durch den Bugpaddler** erforderlich. Bei einer Kurve zu seiner Arbeitsseite verstärkt er den Heckziehschlag des Hintermanns durch einen Bugziehschlag (S. 80, Skizze 1); für eine Kurve zur Arbeitsseite des Hintermannes unterstützt er dessen J-Schlag (bzw. Heckhebel) durch einen Halbbogen (S. 80, Skizze 2) bzw. Bughebel. Die stärkste Drehung erreicht man durch gleichzeitige Bug- und Heckziehschläge bzw. -hebel.

Zum seitlichen Versetzen (etwa um einem Hindernis auszuweichen) werden seitliche Zug- und Hebelschläge kombiniert (S. 80, Skizze 3). Vorsicht bei Hebeln unter Fahrt und auf stark strömendem Wasser! Um sie zu vermeiden, kann man übergreifen und auf der Gegenseite einen seitlichen Ziehschlag ausführen (S. 80, Skizze 4). Aber auch Ziehschläge können das Boot umschmeißen, wenn man das Blatt am Bootsrand nicht rasch genug aus dem Wasser hebt.

Weitere Schläge im Kapitel „Manöver für Fortgeschrittene".

Handzeichen

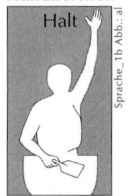

Halt

Halt

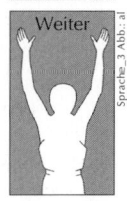

Weiter

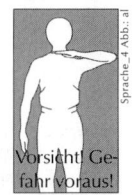

Vorsicht! Gefahr voraus!

Diese Richtung

Paddeltechnik

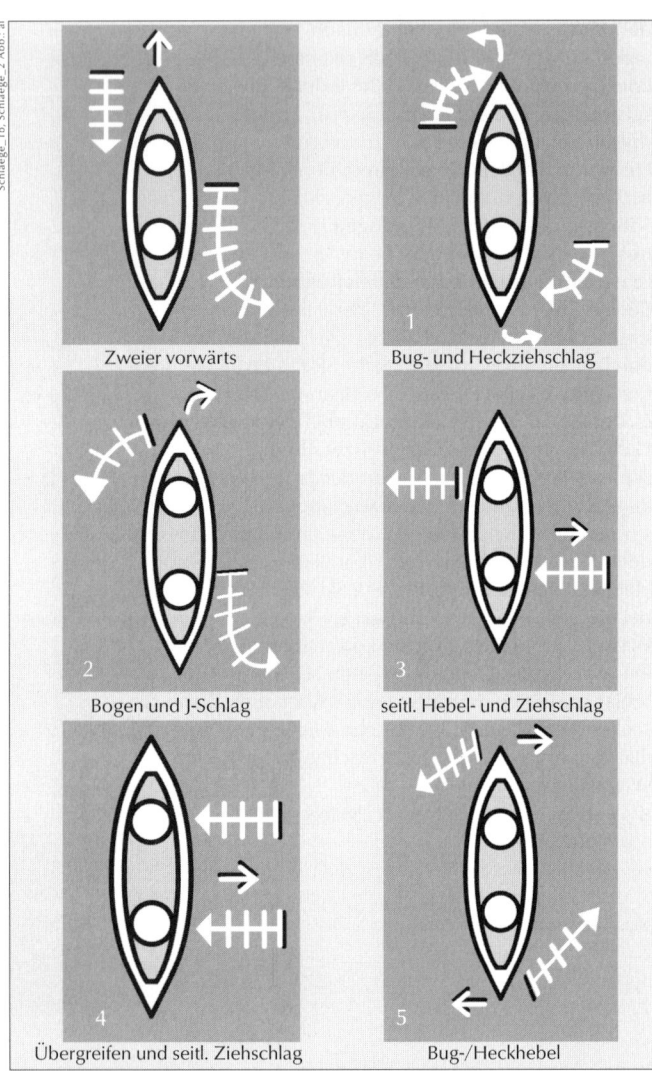

Zweier vorwärts

Bug- und Heckziehschlag

Bogen und J-Schlag

seitl. Hebel- und Ziehschlag

Übergreifen und seitl. Ziehschlag

Bug-/Heckhebel

Trimm und Ballast

„Als Trimm bezeichnet man die Schwimmlage eines Schiffes in Längsrichtung" – so steht's im Lexikon. Er kann eine ganz erhebliche Auswirkung auf das Fahrverhalten des Bootes haben. Richtiger Trimm ist daher sehr wichtig! Canadier und andere Wanderboote sind meist symmetrisch gebaut, so daß sie von Natur aus exakt **waagerecht im Wasser liegen.** Und daran sollte sich grundsätzlich nichts ändern, wenn Sie einsteigen oder das Boot beladen. Das heißt, daß Sie bei Solofahrten möglichst in der Bootsmitte sitzen bzw. – falls das nicht geht – das Gepäck als Gegengewicht entsprechend nach vorn verteilen müssen. Viele neigen dazu, ihr Boot hecklastig zu fahren, was aber Stabilität und Fahrverhalten ungünstig beeinflußt. Besonders kippelig ist ein leerer Canadier, in dem ein einzelner Paddler ganz hinten sitzt. Da kann ein Windstoß genügen – und platsch! Nachdem es seinen Reiter abgeworfen hat, richtet sich das Boot meist wieder auf und treibt schneller davon als selbst Fräulein von Almsick schwimmen könnte!

Ballast

Um den Trimm zu korrigieren, packen manche einfach einige Steinbrocken in den Bug – und das funktioniert ja auch, solange nichts schiefgeht. Aber wehe das Boot kentert und die Steine können nicht gleich herausfallen! Dann geht es Bug voran ganz „titanisch" in Richtung Grund! Deshalb: Keinen Ballast benutzen, der schwerer ist als Wasser. Als sehr praktisch hat sich ein Kanister erwiesen, den man je nach Bedarf mit (jederzeit und reichlich vorhandenem!) Wasser füllt und im Bug festbindet. Wenn er nicht randvoll ist, funktioniert er im Falle eines Falles sogar noch als Auftriebskörper!

Leichte **Hecklastigkeit** kann bei kräftigem **Rückenwind** sinnvoll sein, um einen geraden Kurs zu halten. Mit zunehmendem **Gegenwind** hingegen muß das Boot auch zunehmend **buglastig** sein. Warum? Nun, der Drehpunkt des Bootes befindet sich dort, wo es am tiefsten im Wasser liegt. Das höher aus dem Wasser ragende Ende wird vom

Paddeltechnik

Wind stärker angegriffen und wie eine Wetterfahne vom Drehpunkt weggeschwenkt. Bei Gegenwind dreht sich ein buglastiges Kanu also von selbst in den Wind, während Sie bei Hecklastigkeit viel Kraft aufwenden müssen, um diese Richtung beizubehalten. Ja, wenn Gegenwind oder Hecklastigkeit zu stark sind, wird das sogar schlicht unmöglich! Auch für andere Manöver, die wir später kennenlernen werden, ist richtiger Trimm äußerst wichtig. Um den Trimm rasch zu verändern, kann man ein Gepäckstück verschieben oder rasch die eigene Position im Boot ändern.

Manöver für Fortgeschrittene

Auch auf dem zahmsten Fluß können irgendwann kleine Stufen auftauchen oder sonstige Stellen mit tüchtiger Strömung, munteren Wellen und einzelnen Felsblöcken im Wasser. Wer gerade dabei ist, seine ersten Erfahrungen auf dem balkenlosen Element zu sammeln, der sollte sich nicht genieren, solche Stellen zu umtragen. Bootsbeherrschung vorausgesetzt (und anfangs einen erfahrenen Begleiter) können aber auch Wasserwanderer ihr Süppchen durchaus mit solch „sportlichen" Einlagen würzen. Sie brauchen dann allerdings ein paar Kleinigkeiten mehr als die bisher beschriebenen Grund- und Steuerschläge.

Stabilisieren: die Paddelstütze (Abb. S. 84)

An sich liegt so ein Canadier ja schon recht stabil im Wasser und Sie haben inzwischen bestimmt schon ein gerüttelt Maß Vertrauen zu ihrem Gefährt(en) gewonnen. Aber wenn man sich auf schnelleres Wasser begibt, in Wellen und gegenläufige Strömungen, dann ist zusätzliche Stabilität gefragt. Und nichts erfüllt diesen Zweck besser als ein solider „Ausleger". Da wir uns allerdings nicht wie die Südsee-Insulaner einen Baumstamm an unser Kanu basteln können, muß es eben ein eher „virtueller" Ausleger sein, eine sogenannte **Paddelstütze** (wegen ihrer Funktion wird sie tatsächlich auch als **Ausleger** bezeichnet). Sie gibt dem Boot beträchtliche Stabilität, und selbst noch aus einer prekären Kipplage kann man sein Boot durch eine kräftige Paddelstütze wieder aufrichten. Anspruchsvollere Wildwasserpassagen sind ohne sichere Beherrschung der Paddelstütze nicht befahrbar.

Hohe Paddelstütze (Abb. S. 84)

Bei der hohen Paddelstütze wird die Hand am Paddelknauf über den Kopf gehoben, man greift tüchtig über die Bordwand hinaus und setzt das Blatt parallel zum Boot weit draußen steil ins Wasser (Körper und Schaft bilden dabei einen rechten Winkel). Um ohne Fahrt einen stabilen Ausleger zu erhalten, muß man die Schlagfläche gegen das Wasser drücken und entweder wriggen (s.o.) oder das Blatt zum Boot herziehen. So erhält man eine stabile Stütze. Ohne den Gegendruck und wenn das Blatt zu steil eingesetzt wird, saust es in die Tiefe (und der Paddler womöglich stracks hinterher). Üben Sie in ruhigem Flachwasser und legen Sie nach und nach mehr Gewicht auf das Paddel, um ein Gefühl dafür zu bekommen. Je weiter man hinausgreift und je kräftiger man sich abstützt, desto stabiler wird das Kanu.

Wirklich effektiv ist die **Paddelstütze unter Fahrt** bzw. wenn man damit in eine gegenläufige Strömung (Kehrwasser) greifen kann. Und genau in diesen Situationen wird sie meist gebraucht. Dabei führt man das Paddel wie oben beschrieben, setzt das Blatt jedoch nicht parallel zur Bordwand ein, sondern mit nach außen geneigter Vorderkante,

(1)–(3): Flache Paddelstütze (mit Ankanten), die auf Bild (3) in einen Bogen rückwärts bzw. Bugziehschlag übergeht.

(4)–(7): Hohe Paddelstütze (und Ankanten), die in einen Bugziehschlag übergeht (z.B. zum Kehrwasserfahren); Blattstellung beachten.

damit es nicht unterschneidet. Es wird dann – wie ein Wasserski – vom daran entlang strömenden Wasser getragen, und Sie werden staunen, mit welcher Kraft Sie sich darauf abstützen können! Der Druck läßt sich durch den Anstellwinkel regulieren. Erst wenn die Geschwindigkeit nachläßt, müssen Sie sofort wieder wriggen oder ziehen.

Versetzt

Beachten Sie, daß durch die hohe Paddelstütze auf nur einer Seite das Boot zur Arbeitsseite hin versetzt wird!

Flache Paddelstütze (Abb. S. 84)

Bei der flachen Paddelstütze wird – anders als beim hohen Ausleger – die passive Seite des Blattes eingesetzt. Sie wird flach auf das Wasser gedrückt und unter Fahrt ebenfalls schräg angestellt (Vorderkante nach oben), damit sie wie eine Tragfläche über das Wasser gleitet. Sobald der Gegendruck nachläßt, heißt es wieder wriggen.

Beim flachen Ausleger wird das Kanu seitlich nicht versetzt, neigt aber dazu, eine Kurve zur Arbeitsseite zu fahren. Dies kann man verhindern, indem man den Ausleger schräg nach hinten ansetzt. Ist eine starke Kurve zur Paddelseite hin erwünscht, setzt man ebenfalls weit hinten an und kombiniert den flachen Ausleger mit einem Bogenschlag rückwärts bzw. Bugziehschlag (an den durch Drehen des Blatts sofort wieder ein Grundschlag vorwärts anschließen kann, was sehr effektiv ist).

In unruhigem Wasser

... ist es wichtig, das Blatt nach einer Paddelstütze nicht aus dem Wasser zu nehmen (da man sonst für einen Augenblick jede Stütz- und Steuermöglichkeit verliert), sondern den nächsten Schlag unmittelbar daran anzuschließen. Daher ist die hohe Paddelstütze meist günstiger, da sie mit der aktiven Blattseite ausgeführt wird, und nahtlos in einen Bogen-, Zieh- oder C-Schlag übergehen kann (aber auch bei der flachen Stütze ist ein Bugziehschlag oder Rückwärtsbogen möglich).

Paddeltechnik

Kanten (Abb. S. 84, 3)

Die Paddelstütze hindert das Kanu daran, zur Paddelseite hin zu kippen. Im Zweier kann man nach beiden Seiten einen Ausleger setzen. Der Solopaddler hingegen muß – damit das Boot nicht in die andere Richtung kippt – sein Gewicht zur Paddelseite hin verlagern und das Kanu dadurch auf die Kante stellen, also aufkanten. So ist es ebenfalls nach beiden Seiten stabil. Außerdem braucht man das Aufkanten beim Kehrwasserfahren (s.u.).

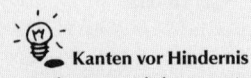

Kanten vor Hindernis

Treibt man seitlich gegen ein Hindernis so darf man sich nicht - wie es meist „instinktiv" passiert - vom Hindernis weg neigen, sondern muß das Kanu zum Hindernis hin kanten (ggf. Paddelstütze zum Hindernis hin!). So kommt die stromauf weisende Bordwand hoch aus dem Wasser und kann durch den Strömungsdruck nicht nach unten gepreßt werden (wodurch da Boot sofort vollschlagen würde).

21 Abb. al

Kehrwasser-Fahren

Das Kehrwasserfahren ist eigentlich eine Technik für Wildwasserfahrten (und dort unerläßlich), aber auch für alle Kanuwanderer wichtig, die gerne einmal auf stärkerer Strömung unterwegs sind. Dort ist so ein Kehrwasser oft äußerst hilfreich – zum Ab- und Anlegen oder um eine kurze Pause einzulegen und die Lage zu peilen. Viele Kanu-Unfälle passieren in Stromschnellen, in die die betroffenen Kanuten überhaupt nicht hineinfahren wollten – und sie passieren nur weil diese Kanuten nicht dazu in der Lage waren, rechtzeitig in einem Kehrwasser anzuhalten.

Das Problem beim Kehrwasserfahren ist der große Geschwindigkeitsunterschied, da man es mit zwei **entgegengesetzten starken Strömungen** zu tun hat! Überquert man die **Scherlinie,** so wird das

Kanu sehr abrupt abgebremst (bzw. in entgegengesetzter Richtung beschleunigt). So abrupt, daß es sich auf jedem halbwegs schnelleren Gewässer sofort seitlich überschlägt. Probieren Sie das ruhig einmal aus! Um unbeschadet in ein Kehrwasser zu gelangen (oder wieder heraus), muß man **1. kanten** und **2. die Paddelstütze** (s.o.) beherrschen und rechtzeitig einsetzen.

Einfahren ins Kehrwasser (Ausschlingen) (S. 89)

Kehrwasser auf der Seite des Bugpaddlers (1)

Mit bereits leicht in Richtung Ufer weisendem Bug fährt man dicht an dem Hindernis vorbei, hinter dem das Kehrwasser liegt. Da die gegenläufige Strömung das Boot flußabwärts umkippen kann, sobald der Bug ins Kehrwasser gelangt, muß man rechtzeitig flußauf **kanten.** Gleichzeitig stabilisiert der Bugpaddler das Boot, indem er mit einer **hohen Paddelstütze** weit in die gegenläufige Strömung des Kehrwassers greift, und unmittelbar daran einen **Ziehschlag** anschließt, der das Boot ins Kehrwasser hinein und den Bug flußauf zieht. Der Heckmann unterstützt ihn mit einem kräftigen **Heckziehschlag.** Das Kanu schwenkt um das Bugpaddel herum (wie um einen Pfahl, an dem man sich im Vorbeirennen festhält) und läuft mit dem Heck flußab ins Kehrwasser. **Wichtig ist, daß der Ausleger in die gegenläufige Strömung des Kehrwassers gesetzt wird** und nicht in die Wirbelzone zwischen den beiden Strömungen, in der es keinen Halt finden würde.

Solo im Kehrwasser

Solo-Paddler müssen sich ähnlich verhalten wie im Beispiel der Bugpaddler: 1. zusehen, daß sie rechtzeitig auf der Seite paddeln, auf der das Kehrwasser liegt, 2. flußauf kanten, 3. mit einer möglichst weit nach vorn ausgelegten hohen Paddelstütze rechtzeitig in das Kehrwasser hineingreifen und 4. mit einem Ziehschlag das Boot ins Kehrwasser schlingen.

Paddeltechnik

Kehrwasser auf der Seite des Heckpaddlers (2)

Liegt das Kehrwasser auf der Seite des Heckpaddlers, so ist das Manöver wesentlich schwieriger. Als Wanderpaddler sollte man deshalb rechtzeitig vor dem Kehrwasser die Seiten wechseln. Wer hingegen viel Wildwasser fahren will, sollte diese Technik gründlich einüben. In diesem Fall stabilisiert der Heckmann mit einer **flachen Paddelstütze,** während der Bugmann übergreift und einen Ziehschlag (bzw. Kombination aus Konter- und Ziehschlag) ins Kehrwasser hinein ausführt, um die Stabilisierung zu unterstützen und zugleich den Bug ins Kehrwasser und flußauf zu ziehen. Der Heckpaddler kann die Drehung flußauf unterstützen, indem er die Paddelstütze in einen Bogenschlag rückwärts übergehen läßt.

Kehrwasser mit Bughebel

Manche empfehlen dem Bugmann, einen Hebelschlag auf seiner Seite auszuführen, um den Bug flußauf zu schwenken. Das hat den Vorteil, daß man nicht lang übergreifen muß, kann jedoch schnell schiefgehen! Solange er den Hebel in der Strömung ansetzt, hat er weniger Effekt als ein übergreifender Schlag ins Kehrwasser, und außerdem keine stabilisierende Wirkung. Und wenn er während des Hebels ins Kehrwasser gerät, prallt diese urplötzlich und mit voller Wucht gegen das Blatt, so daß ihm das Paddel u.U. aus der Hand gerissen wird – wenn er Glück hat! Andernfalls kann er entweder über Bord katapultiert werden oder das Boot kentert flußab. Kehrwasserfahren mit Bughebel erfordert Übung und starkes Kanten flußauf.

Ausfahren aus dem Kehrwasser (Einschlingen)

Das Ausfahren (Einschlingen in die Strömung) aus dem Kehrwasser funktioniert entsprechend wie das Einfahren, nur daß Strömung und Gegenströmung vertauscht sind. Mit dem Bug schräg flußauf fährt man in die Hauptströmung, der **Bugmann** lehnt sich zum **hohen Ausleger** flußab hinaus, und das schnelle Wasser reißt den Bug stromab, so daß sich das Kanu von alleine wieder in Fahrtrichtung dreht, während ihn der **Heckmann** durch einen **Heckziehschlag** unterstützt.

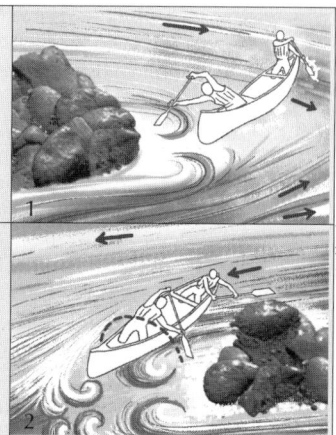

Kehrwasser auf der Seite des Bugpaddlers Kanten stromauf Heckmann: Heckziehschlag Bugmann: Hohe Stütze ins Kehrwasser mit anschließendem Ziehschlag	22 Abb.: al
Kehrwasser auf der Seite des Heckpaddlers Kanten stromauf Heckmann: Flache Paddelstütze Bugmann: Übergriffene hohe Stütze ins Kehrwasser mit Bugziehschlag	23 Abb.: al

Paddeltechnik

Wichtige Punkte beim Kehrwasserfahren
●Aufkanten und stützen

Wenn das Boot beim Einfahren ins Kehrwasser quer zur Strömung die Scherlinie überquert, wird es abrupt abgebremst und kann sehr leicht stromab kentern. Beim Ausfahren wird es entsprechend stark beschleunigt und will stromauf kippen. Dem beugt man – besonders als Solopaddler – vor, indem man das Kanu beim Einfahren ins Kehrwasser stets **flußauf,** beim Ausfahren **flußab** kantet und abstützt.

●Richtiges Timing

Um ein Kehrwasser zu erwischen, muß man knapp an dem Hindernis vorbeifahren und im richtigen Moment für kräftigen Vortrieb sorgen. Der Bugpaddler muß dann sofort ins Kehrwasser hineingreifen. Ist der Vortrieb zu schwach, so wird das Boot nur mit dem Heck stromab gedreht und treibt rückwärts weiter den Fluß hinunter. Üben Sie also zunächst dort, wo unterhalb viel Platz ist und keine gefährliche Schnelle lauert! Ist der Vorschub beim Einschlingen in die Hauptströmung zu schwach, so kreiselt man im Kehrwasser, ist er zu stark, so gelingt die Wende flußab nicht und man paddelt in der Seilfähre vorwärts quer über den Fluß.

Solopaddler (Abb. s. u.)

Als Solopaddler hat man es etwas schwerer, weil man 1. „alles alleine machen" muß und 2. nicht so weit nach vorn greifen kann, wie der Bugpaddler. Wichtig ist daher, daß man in der Bootsmitte kniet und nicht zu weit hinten. Bei einem Kehrwasser auf der Arbeitsseite (Skizze 1) sorgt ein kräftiger **C-Schlag** (nach außen offener Bogen) dafür, daß der Bug über die Scherlinie treibt und stromauf schwenkt (1a). Noch ehe ihn die Gegenströmung erfaßt, muß man sofort **flußauf kanten** und weit nach vorn und flußauf aus dem Boot greifen, um das Paddel zu einer **hohen Stütze** in die Gegenströmung zu pflanzen (2a). Das Boot schwenkt wieder um das Paddel herum ins Kehrwasser (3a).

Liegt das Kehrwasser der Paddelseite gegenüber (Skizze 2), dann kann man frühzeitig die Paddelseite

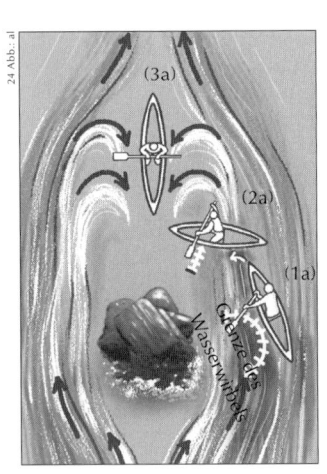
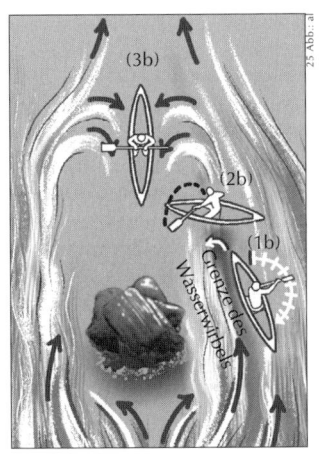

wechseln. Andernfalls muß man das Boot mit einem weiten Bogenschlag über die Scherlinie treiben (1b), dann rasch flußauf kanten und ohne den Griff am Schaft zu ändern auf der anderen Bootsseite mit einer weit ausgelegten Paddelstütze ins Kehrwasser übergreifen (2b), damit das Boot ums Paddel herum in die Gegenströmung dreht (3b).

Seilfähre vorwärts (S. 93, 1)

Immer wieder kommt es vor, daß man zur andere Flußseite gelangen muß, ohne dabei abgetrieben zu werden. Man richtet dann die Nase nicht geradenwegs auf jenseitige Ufer, sondern schräg stromauf. Der Winkel orientiert sich an der Kraft der Strömung (je stärker sie ist, desto steiler). Mit etwas Übung spürt man sofort, wenn er stimmt. Durch den Anstellwinkel kann man nicht nur den Fluß queren ohne an Höhe zu verlieren, sondern man nutzt dann auch die Kraft der Strömung aus, die das Boot wie eine Seilfähre zum jenseitigen Ufer drückt. Der Heckmann sollte bei der Seilfähre vorwärts auf der stromab weisenden Seite paddeln, dann wird ihm der Strömungsdruck auf den Bug zudem noch manchen J-Schlag bzw. Heckhebel ersparen.

Übung macht den Kehrwasserfahrer

Das Kehrwasserfahren erfordert Übung - so lange, bis man ohne zu überlegen richtig reagiert. Erfahrene Kanuten können sogar ohne Paddelhilfe nur durch Gewichtsverlagerung in ein Kehrwasser einfahren. Trainieren Sie mit leerem Kanu, einem erfahrenen Begleiter und auf sicherem Wasser. Und probieren Sie bei warmem Wetter ruhig auch einmal aus, was passiert wenn Sie nicht oder gar falsch kanten (es wird jedem eine Lehre sein!).

Paddeltechnik

Seilfähre rückwärts (Backpaddling) (S. 93)

Entsprechend funktioniert die Seilfähre rückwärts, die aber etwas mehr Übung verlangt. Wer nur auf langsamem Wasser paddelt, wird ohne dieses Manöver auskommen, doch schon auf Zahmwasser III kann die Seilfähre rückwärts sehr hilfreich sein. Und wer gerne einmal durch wilderes Wasser schaukelt, wird auf Dauer nicht darauf verzichten können. Dort kommen die Hindernisse oft schneller auf einen zugeschossen, als einem lieb ist. Und wenn man ihnen mit den üblichen Steuerschlägen ausweichen will, dann geht es sogar noch schneller! Mit dem Resultat, daß es manchmal trotz Powern nicht mehr reicht. Bei der ↗Seilfähre rückwärts hingegen wird das Tempo stark abgebremst (auf mäßig schnellem Wasser bis zum Stillstand), man hat mehr Zeit sich zu orientieren und dem Hindernis auszuweichen und man kann dazu sogar noch die Kraft der Strömung ausnutzen.

Seilfähre rückwärts:
Die Seilfähre rückwärts ist die einzige Möglichkeit, schnelles Wasser wirklich kontrolliert zu befahren!

Das Boot wird dabei ebenfalls schräg zur Strömung gestellt – aber so, daß das Heck(!) zu der Seite zeigt, in die man ausweichen möchte. Wollen Sie also nach rechts, so zeigt der Bug schräg nach links! Dann paddelt man mit den entsprechenden Schlägen wie bei der Seilfähre vorwärts – nur jetzt von hinten nach vorn ausgeführt – rückwärts gegen den Strom. Im Zweier ist gut eingespieltes Teamwork erforderlich.

Achtung Trimm

Bei der Seilfähre rückwärts werden Sie garantiert verzweifeln, wenn der Trimm nicht stimmt! Falls das Boot auch nur etwas hecklastig ist, wird die Strömung alles dransetzen, es mit dem Heck stromab zu schwenken - da können Sie sich abrackern wie Sie wollen. Also das Gewicht unbedingt etwas bugwärts verlagern.

Im **Einer** wird der Canadier (beim Ausweichen zur Paddelseite hin) zunächst durch einen übergriffenen Konterschlag (auf der Gegenseite) schräg zur Strömung gestellt (1) und dann durch J- oder C-Schläge rückwärts abgebremst oder auf der Stelle gehalten und dabei von der Strömung zur Paddelseite hin gedrückt (2). Sobald der Weg frei ist, kann man das Kanu durch einen Grundschlag rückwärts gerade richten (3) und mit Vorwärtsschlägen wieder Fahrt aufnehmen (4).

Seilfähre vorwärts im Zweier
Das Boot wird mit dem Bug schräg stromauf gestellt und durch Vorwärtsschläge (Grundschlag vorn und Heckhebel hinten) am Abtreiben gehindert. Das gegen die Bordwand anprallende Wasser drückt es dann wie eine Seilfähre zum gegenüberliegenden Ufer.

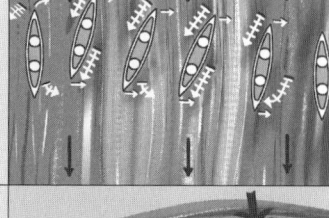

26 Abb.: al

Seilfähre rückwärts (im Einer)
Die Seilfähre rückwärts kann bei plötzlich auftauchenden Hindernissen die einzige Rettung sein. Sie verringert die Geschwindigkeit oder hält das Boot sogar auf der Stelle. Gibt dem Paddler Zeit seitlich auszuweichen.

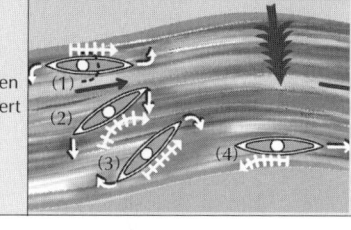

27 Abb.: al

Das Ausweichen zur Gegenseite funktioniert entsprechend, nur daß das Übergreifen entfällt.

Übrigens: Wenn die Seilfähre rückwärts klappt, kann man damit auch in ein Kehrwasser einfahren oder in starker Strömung anlegen ohne zu wenden.

Führen (Streichen)

Das „Paddel führen" (bzw. „Streichen") bedeutet, daß ein Schlag fließend in den nächsten übergeht, ohne daß man das Blatt aus dem Wasser nimmt. Dazu muß man es mit der Kante voran von einer Position in die nächste führen. Diese Technik ist nur für Paddler wichtig, die öfter in mittlerem Wildwasser fahren, wo permanente Bootskontrolle unerläßlich ist.

Geduld!

Das Einüben der Schläge erfordert Zeit und Geduld, und bei den ersten Versuchen wird man immer wieder glauben: 'Das lern ich nie!' – bis es dann plötzlich doch klappt. Aber Sie müssen ja nicht alles sofort und perfekt beherrschen. Schon mit J- und Bogenschlag allein können Sie die herrlichsten Touren fahren. Und wenn Sie das häufig und mit Spaß an der Sache tun, dann kommt auch das Übrige – zwar nicht ganz von selbst, aber es kommt.

Paddeltechnik

028-ka Abb.:.rh

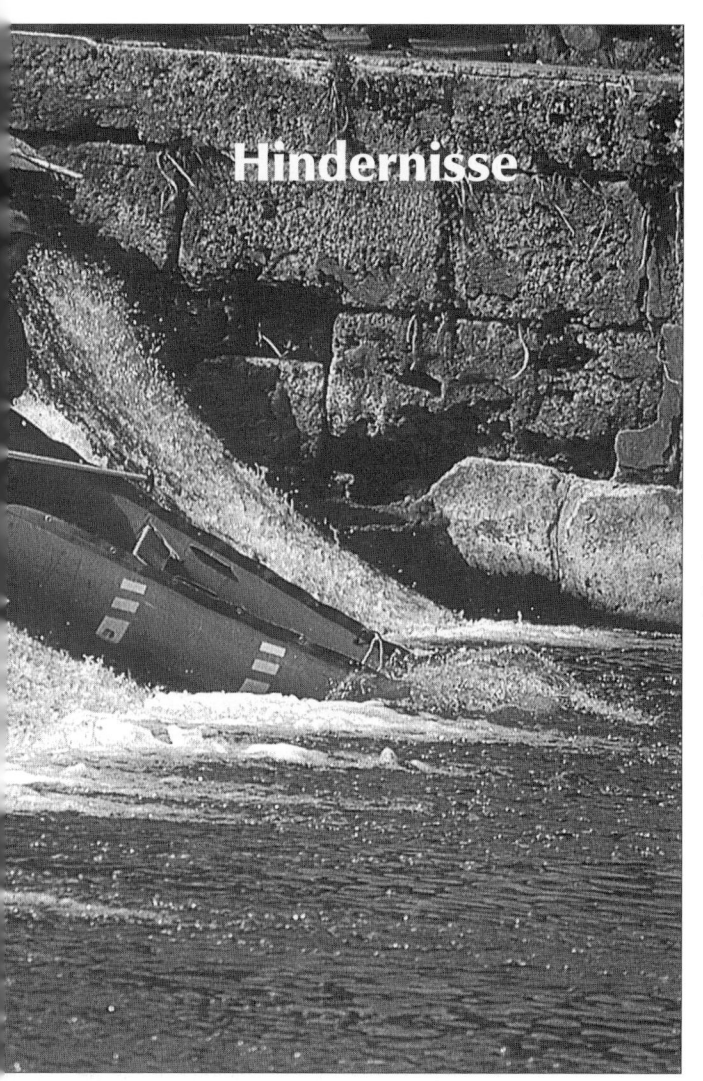

Hindernisse

Hindernisse

95

„Es kann der Frömmste nicht in Frieden paddeln, wenn es den vielen Wehren nicht gefällt" – so oder ähnlich lautet schon ein altes Sprichwort. „Was, schon wieder umtragen?!", hört man die Paddler dann maulen. Aber Hindernisse und „Querlieger" sind nicht immer nur lästige Ärgernisse, sondern gehören zum Paddelalltag wie das Wasser zum Fluß, und oft können sie sogar das Salz in der Suppe sein. Am Anfang dieses Buches haben wir das „Hindernis Wasser" zum Weg gemacht – jetzt wollen wir sehen, wie wir den neuen Hindernissen ihren Reiz abgewinnen, anstatt uns zu ärgern. Dazu muß man die Dinge manchmal so nehmen, wie sie eben kommen. Aber manchmal muß man auch dafür sorgen können, daß sie so kommen, wie man sie nehmen möchte oder kann!

Befahrbare Wehre

Informationen darüber, welche Wehre befahrbar sind, an welcher Stelle und für welche Bootstypen, findet man im Wanderbuch des DKV oder in anderen Flußführern. Das vorherige Aussteigen und Anschauen ersparen diese Informationen jedoch keineswegs. Selbst geringe Veränderungen des Wasserstands können die Strömungsverhältnisse völlig verändern. Ein Wehr, das bei Normalwasser problemlos befahrbar ist, kann bei höherem Wasserstand lebensgefährlich werden!

Dazu ist es wichtig, daß man nicht nur die Schlagtechniken beherrscht, sondern auch die Strömungsverhältnisse und Gefahren richtig einschätzen kann! Grundkenntnisse sind nur ein Anfang, der durch Erfahrung ergänzt werden muß.

Hindernisarten

Wehre

Wehre heißen jene künstlichen Staustufen unterschiedlichster Bauart, die dazu dienen, die Strömungsgeschwindigkeit zu verringern oder das Wasser zu Mühlen, Kraftwerken o.ä. umzuleiten. Manche Wasserläufe sind so üppig damit gesegnet,

▶ Das Boot verschwindet im Loch vor der Walze

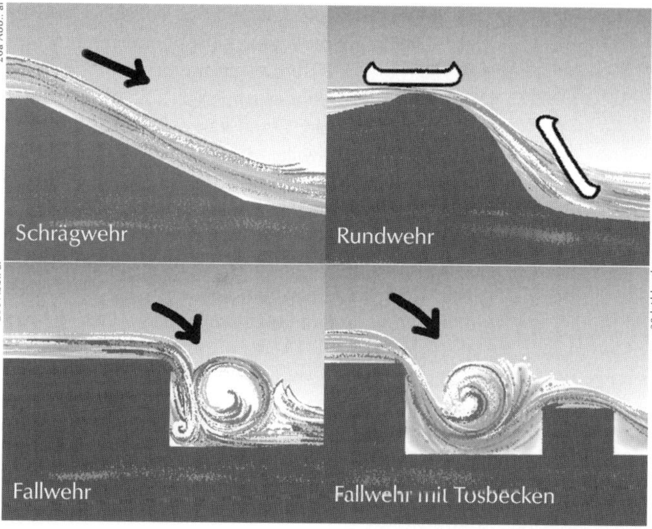

Schrägwehr

Rundwehr

Fallwehr

Fallwehr mit Tosbecken

Schrägwehr
Bei Normalwasser meist problemlos, bei Hochwasser gefährlicher Rücksog.

Rundwehr
Bei Niedrig- bis Normalwasser, hängenbleiben auf der Krone bzw. Einstechen ins Unterwasser. Bei Hochwasser lebensgefährlicher Rücksog.

Fallwehr
Schon ab 50 cm Höhe meist lebensgefährlicher Rücksog!

Fallwehr mit Tosbecken
Fast immer lebensgefährlicher Rücksog!

Hindernisse

daß selbst dem geduldigsten Paddler der Spaß vergeht. Und manche Wehre sind obendrein nur umständlich und mühsam zu umtragen.

Ganz anders sieht es natürlich aus, wenn so ein Wehr befahrbar ist. Dann kann der Spaß so groß sein, daß man freiwillig umträgt. Nämlich stromauf, um ein zweites und drittes Mal hinabzufahren.

Entsprechenden Wasserstand vorausgesetzt sind Schrägwehre und Wehre mit einem Durchlaß meist befahrbar. Hinter solchen Wehren können sich beträchtliche Wellen bilden, wenn das schnelle Wasser auf das langsamere prallt. Aber solange die Strömung klar erkennbar abzieht und **keinen Rücksog** bildet, sehen sie gefährlicher aus, als sie tatsächlich sind. Wenn man sein Boot in Strömungsrichtung hält und die Persenning geschlossen hat, kann nicht viel passieren. Aber Vorsicht! Bei etwas höherem Wasserstand können selbst hinter den harmlosesten Wehren **gefährliche Grundwalzen** entstehen! Bei niedrigem Wasserstand hingegen kann es passieren (besonders im Zweier), daß das

▼ Spitzwehre sind mit Vorsicht zu genießen, da im Unterwasser selbst bei geringer Fallhöhe ein gefährlicher Rücksog lauern kann

030-ka Abb.:sh

Boot auf der Wehrkrone hängenbleibt – und bei Gewichtsverlagerung dann recht unkontrolliert abstürzt! – bzw. im seichten Unterwasser auf den Grund prallt. Schlauchboote sind so flexibel, daß sie einen Aufprall schadlos verkraften. Gefährlich wird es aber auch für sie, wenn im Unterwasser spitze Äste lauern.

Senkrecht abfallende Wehre – selbst niedrige! – können zur Todesfalle werden (besonders Wehre mit Tosbecken!), da im Unterwasser eine **Walze mit starkem Rücksog** entsteht. Solche Wehre sehen manchmal gar nicht gefährlich aus, weil dahinter keine größeren Wellen stehen. Aber genau an diesen Wehren passieren die meisten tödlichen Unfälle. Mehr als im Wildwasser! Der Rücksog hält das Boot fest und zieht es mitsamt dem Paddler in die Tiefe.

Achtung:
Aus der Walze bergen können nur:
1. ein am Seil gesicherter guter Schwimmer,
2. ein Paddler im per Seil gesicherten(!) Boot oder
3. zwei Personen mit einem über den Fluß gespannten Seil. ***Nähern Sie sich niemals ohne Seilsicherung einer starken Walze!***

▼ *Warnung vor einem tödlichem Fallwehr*

031-ka Abb.: rh

Hindernisse

030-ka Abb.: rh

▲ Hier müssen die Paddel zum Stabilisieren stets im Wasser sein

Lebendig heraus kommt man da nur noch, wenn rasch ein erfahrener(!) Retter zur Stelle ist (unerfahrene ertrinken meist selbst) oder wenn man entweder seitlich aus der Walze heraus- oder unter dem zurückdrehenden Wirbel wegschwimmen kann.

Als Neuling jedoch sollte man selbst harmlos wirkende Wehre grundsätzlich nur in Begleitung erfahrener Kanuten hinunterrutschen und im Zweifelsfalle stets umtragen. Denn eines ist klar: Lieber zehnmal unnötig umtragen als einmal unnötig ertrinken!

Floßgassen

Floßgassen oder Bootsrutschen sind schräge Rinnen an Stauanlagen, die früher dem Flößen von Baumstämmen dienten. Hier sieht es ähnlich aus wie bei den Wehren. Am unteren Ende können hohe Wellen stehen, die spitz aufeinander zulaufen und in der Mitte eine deutliche Stromzunge erkennen lassen. Diese **Stromzunge** gilt es zu erwischen und dort

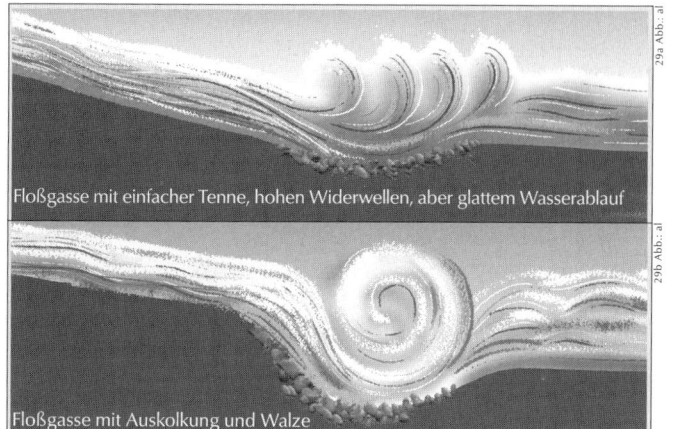

Floßgasse mit einfacher Tenne, hohen Widerwellen, aber glattem Wasserablauf

Floßgasse mit Auskolkung und Walze

29a Abb.: al

29b Abb.: al

hindurchzuschießen, wo die Wellen am höchsten sind („die Mähne reiten", wie das bei Jack London heißt). Dann kann nicht viel passieren. Bei einigen Floßgassen bildet sich aber durch ↗Auskolkung ein **gefährlicher Rücksog** (siehe „Wehre"). Dann sind keine deutlichen Widerwellen und keine Stromzunge erkennbar. Vorsicht! Hier gilt, was oben über Walzen gesagt wurde: im Zweifelsfalle umtragen!

▲ *Floßgyassen*

Hindernisse

Natürliche Stufen (Abb. S. 105, 1 u. 2)

Stufen sind so etwas ähnliches wie natürliche Wehre. Auch hier gibt es schräg abfallende und senkrechte Exemplare. **Schräge Stufen** sind am häufigsten. Sie mögen bei entsprechendem Wasserstand sehr furios aussehen, können aber meist auch von Wasserwanderern (ggf. mit Persenning) problemlos befahren werden – sofern keine versteckten Felsblöcke lauern und es unterhalb davon wieder ruhiger wird! **Senkrecht abfallende Stufen** (Schwellen, Felsriegel) **mit Walzenbildung** hingegen können lebensgefährlich

Auskolkung:
Auskolkung bedeutet, daß die Strömung den Flußgrund zu einem tiefen Becken ausgespült hat (siehe Skizze).

Bei Hochwasser schäumende Naturstufe auf der Oberen Iller kurz hinter Sonthofen

sein – selbst bei geringer Fallhöhe und wenn sie noch so harmlos aussehen! Sie bremsen das Boot abrupt ab, das Unterwasser ist mit Luft durchmischt und trägt schlecht, das Paddel greift nicht, und nur zu schnell wird das Boot schlichtweg „zugedeckt" und zum Unterseeboot!

Leichte Walzen kann man zügig angehen und mit Schwung „überfahren". Doch dazu muß man zunächst einmal sicher einschätzen können, was eine „leichte Walze" ist!

Schwälle, Brecher, Walzen

Unterwasser-Hindernisse in der Strömung können sich unterschiedlich auswirken, je nachdem, wie stark die Strömung ist und wie tief sie liegen. Wird die Strömung durch Hindernisse eingeengt, so entstehen dahinter stehende Wellen (Schwälle) und Kehrwasser.

Leichte **Wellen** kann man in zügiger Fahrt durchschaukeln. Stehende Wellen hinter Engstellen laufen

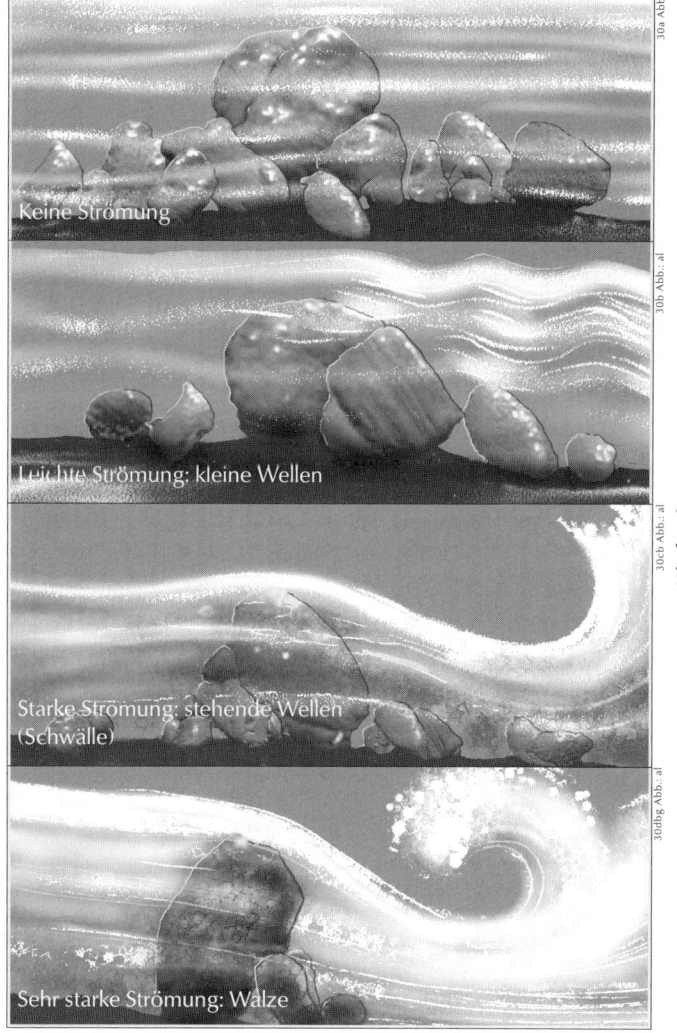

Keine Strömung

Leichte Strömung: kleine Wellen

Starke Strömung: stehende Wellen (Schwälle)

Sehr starke Strömung: Walze

30a Abb.: al

30b Abb.: al

30cb Abb.: al

30dbg Abb.: al

Hindernisse

V-förmig gegeneinander (Spitze stromab; daher die Bezeichnung „Stromzunge"). Der sicherste Weg führt mitten hindurch – genau dort, wo die Wellen am höchsten sind. Bei **höheren Schwällen, Brechern und Walzen** ist es wichtig, daß man sie mit dem **Bug im rechten Winkel** anfährt und daß der Bug möglichst leicht ist, um vom Wasser angehoben zu werden.

Natürliche Hindernisse

Natürliche Hindernisse bilden meist Walzen, die man seitlich umfahren kann. Wenn eine senkrecht abfallende Stufe jedoch die ganze Flußbreite umfaßt und keine Lücke hat, die durch eine deutliche Stromzunge erkennbar ist, dann gibt es für Wander-Canadier nur eines: Umtragen.

Außerdem hat es sich bewährt, sie nicht mit großem Schwung anzufahren, sondern abgebremst (mit Rückwärtsschlägen), damit der Bug angehoben wird. Dann muß man jedoch im rechten Moment wieder vorwärtspowern (ganz besonders bei Walzen), um nicht vom Rücksog festgehalten zu werden. Möglichst weit nach vorn greifen, um das Paddel in die Strömung des abfließenden Wassers zu pflanzen.

Walzen können als Quer- oder Schrägwalzen auftreten. Letztere lassen sich evtl. umfahren, was aber oft nur per Seilfähre rückwärts gelingt, da man mit Vorwärtsschlägen schneller drinhängt, als man ausweichen kann (Abb. S. 105, Nr. 4). Grundwalzen treten auch an senkrechten Naturhindernissen auf (Sohlschwelle; Abb. S. 105, Nr. 2). Sie sind lebensgefährlich und sollten umtragen werden. Alle weiteren Manöver in Wellen und Walzen erfordern ein eigenes Buch zum Thema Wildwasser.

Überhängende Äste

An den vielen Wasserläufen lauern überhängende Äste im Außenbogen enger Kehren. Auf kleineren Bächen können sie sogar über die ganze Breite reichen. Grundsätzlich sollte auf solchen Strecken kein

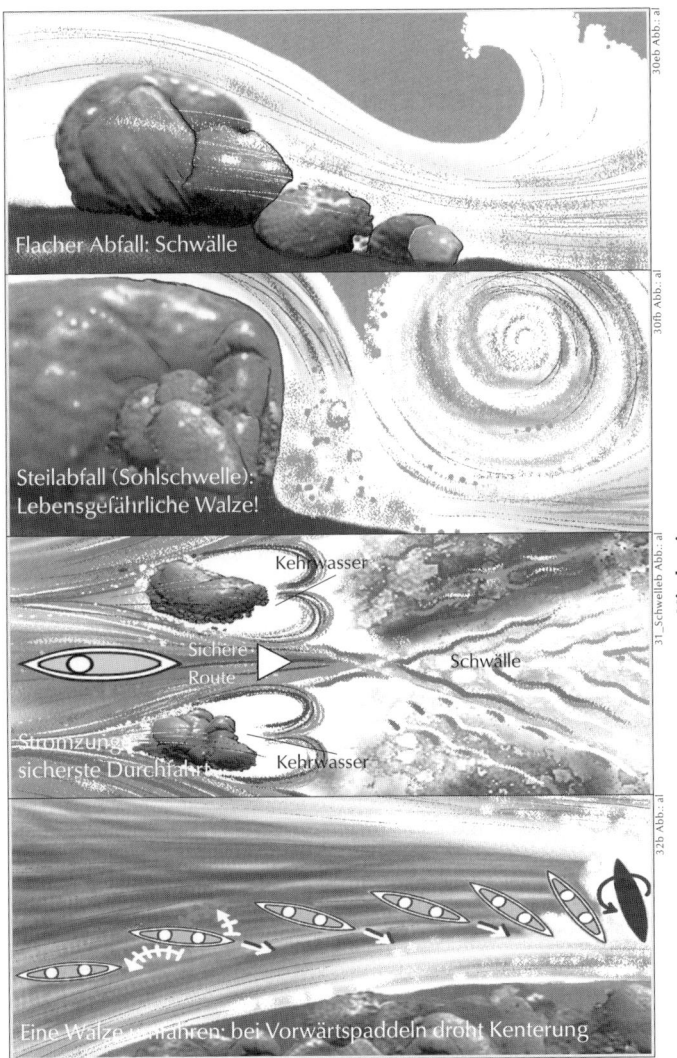

Flacher Abfall: Schwälle

Steilabfall (Sohlschwelle): Lebensgefährliche Walze!

Kehrwasser

Sichere Route

Schwälle

Strömung: sicherste Durchfahrt

Kehrwasser

Eine Walze anfahren: bei Vorwärtspaddeln droht Kenterung

Hindernisse

Gepäckstück hoch über die Bordwand hinausragen – keine Wimpel am Bug und keine Angel, die wie eine Antenne emporsteht! Wenn man nicht ausweichen kann, dann duckt man sich nach vorn oder hinten. Ich habe es schon erlebt, daß sich im Zweier beide Paddler zur Seite duckten – natürlich beide auf die gleiche – und umgehend im Bach lagen. Keinesfalls sollte man sich an den Ästen festhalten, schon gar nicht, wenn man vorn sitzt. Sonst wird das Boot von der Strömung herumgerissen und ein Bad ist fast sicher.

▶ *Sweeper auf dem Big Salmon; einer reichte quer über den Fluß, so daß zunächst eine Lücke freigesägt werden mußte*

Sweeper (Abb. S. 107)

Im Außenbogen von Wildnisflüssen (seltener auch bei uns) gibt es häufig sogenannte Sweeper. Das sind unterspülte Bäume, die irgendwann gekippt sind und nun flach über das Wasser ragen oder mit den Ästen sogar ins Wasser hineinhängen. Diesen Burschen geht man am besten durch die richtige Kurventechnik beizeiten aus dem Wege. Bei kleineren Wasserläufen kommt es vor, daß umgestürzte Bäume die ganze Flußbreite blockieren. Dann muß man rasch anlegen können!

Wer in zügiger Strömung um eine enge Kehre schießt und plötzlich mit dieser Situation konfrontiert ist, der kann sich nur durch eine kräftig gepaddelte Seilfähre rückwärts aus der Affäre ziehen. Wenn er unter dem Baum durchgezogen wird, kommt er im günstigsten Falle mit ein paar Schrammen wieder hervor.

An einem Sweeper, der mit dicken Ästen bis ins Wasser reicht, kann ein Boot jedoch leicht kentern, und wenn der Paddler dann unter Wasser hängenbleibt, wird sich seine Lebenserwartung drastisch verringern. Falls es doch passiert und das Boot quertreibt, sofort zum Hindernis hin lehnen und rasch aussteigen.

038-ka Abb. rh

Treibholzbarrieren

Treibholzbarrieren findet man ebenfalls hauptsächlich auf Wildnisflüssen. Oft hängt das Treibholz über Untiefen, aber häufig genug auch im Außenbogen über tiefem Wasser mit starker Strömung, wenn ein Sweeper es aufgehalten hat oder lange Stämme sich an einer Engstelle verkeilt haben. Solche Treibholzbarrieren (**log jams**) können die ganze Flußbreite blokkieren und sind allemal des Teufels. Im Gegensatz zu Felshindernissen lenken sie die Strömung nicht ab und bremsen sie auch nicht. Das Wasser zieht ungehindert unter ihnen hindurch, und wer ihm folgt, der hat kaum eine Chance lebend wieder aufzutauchen. Zu solchen Hindernissen hält man tunlichst

Im Notfall:

Sollte trotz allem ein Ausweichen nicht mehr möglich sein, muß der Vordermann beim oder unmittelbar nach dem Aufprall sofort auf das Hindernis springen und den Bug hinaufziehen, ehe das Boot quertreibt (das ist allerdings viel leichter gesagt als getan!!) Sonst wird es fast mit Sicherheit kentern und nicht mehr zu retten sein. Kommt man quer, sofort zum Hindernis hin lehnen und aussteigen.

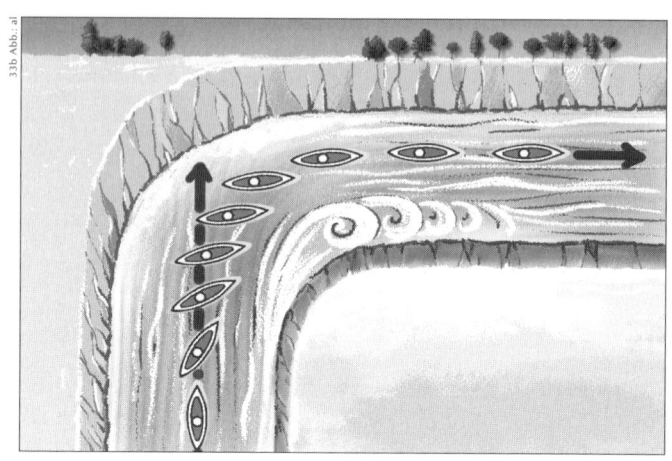

▲ *Enge Kehre*

respektvollen Abstand. Seilfähre rückwärts! Zeit gewinnen, eine offene Passage suchen und im Zweifelsfall rasch anlegen.

Enge Kehren

Enge Kehren gehören auf vielen Flüssen im Bergland zum täglichen Brot des Tourenpaddlers und oft ist man verblüfft, mit welcher Kraft die Felswand am Prallufer das Boot anzuziehen scheint. Da hilft nur eins: **rechtzeitig gegensteuern!** Das heißt, der Bug muß bereits **beim Einfahren in die Kehre** – nicht erst kurz vor der Prallwand! – **schräg zum Innenbogen** weisen. Durch Vorwärtspaddeln läßt sich das Boot dann auf Distanz vom Prallhang halten. Je stärker die Strömung und je enger die Kurve, desto steiler muß das Boot zum Innenbogen weisen. Im Extremfall kann dies bereits an eine **Seilfähre vorwärts** grenzen. Lieber fährt man zu weit im Innenbogen und riskiert es, im Kehrwasser abgebremst zu werden, als daß man sich am Prallufer mit Felsen oder Sweepern anlegt.

108

Brücken und Pfeiler

Brücken, die den Fluß an einem Stück überspannen und hoch genug sind, um ungestreift darunter hindurch zu passen, brauchen uns nicht zu kümmern. Sobald die Brücke jedoch einen Fuß ins Wasser stellt, ändert sich das Bild. Dicke **Pfeiler** pressen das Wasser stark zusammen, so daß eine **starke Strömung mit Schwällen und Wirbeln** entsteht. Meist ist zwischen den Pfeilern Platz genug, um eine problemlose Durchfahrt zu finden und reichlich Abstand zu den kritischen Stellen zu halten. Bei engen Pfeilern oder starker Strömung kann jedoch der Fluß auf ganzer Breite unruhig werden. In diesem Fall muß man entweder umtragen oder (nachdem man sich die Stelle vom Ufer aus gut angeschaut hat!) die Mitte des Durchgangs ansteuern, auch wenn dort die Wellen am höchsten sind.

Nie unterschätzen

Wie gewaltig die Kraft dieses Stromdrucks ist, haben wir auf der oberen Iller erlebt, als wir einen um den Brückenpfeiler gewickelten Schlauch-Canadier zu bergen versuchten. Obwohl wir die Luft abgelassen hatten, bekamen wir ihn mit mehreren kräftigen Helfern erst nach langer mühsamer Arbeit frei (völlig unbeschädigt übrigens). An der gleichen Stelle war kurz zuvor ein Paddler ertrunken, weil er mit dem Boot unter die Oberfläche gedrückt wurde und sich nicht aus dem Hecksitz befreien konnte.

Besonders gefährlich werden Brücken, zwischen deren Pfeilern eine starke **Schrägströmung** zieht. Auf schnell strömenden Gewässern sollte man daher vor Brücken stets anlegen und die Durchfahrt besichtigen. Zu leicht kann es sonst passieren, daß man sie falsch ansteuert, die Schrägströmung das Boot vor den Pfeiler reißt und seitlich dagegenquetscht. Dann gute Nacht! Das Boot wird um den Pfeiler gewickelt wie ein nasser Lappen. Mit etwas Glück wird man herausgespült oder man kann sich rasch befreien. Ein Heckpaddler, der mit untergeschlagenen Beinen im Boot sitzt, wird vom Wasser mit solcher Kraft gegen seinen Sitz gepreßt, daß er sich nicht daraus befreien kann und u.U. ertrinkt, ehe er geborgen werden kann.

Zugegeben, vieles in diesem Kapitel mag sich nicht sonderlich ermunternd anhören. Deshalb zum Schluß ein tröstendes Wort: Besonnenes Verhalten und Bootsbeherrschung vorausgesetzt, wird man mit allen genannten Gefahren vielleicht ein ganzes Paddlerleben lang nie ernsthaft konfrontiert werden. Im Zweifelsfalle heißt es eben umtragen; denn an Land ist bekanntlich noch kein Indianer ersoffen.

Hindernisse umgehen

„An Land ist bekanntlich noch kein Indianer ersoffen", hieß es oben. Nun gut, dann muß man also zunächst zusehen, daß man festen Boden unter die Füße bekommt, und dann Boot und Ausrüstung um das Hindernis herumschleppen. Große Begeisterung wird das in den seltensten Fällen auslösen. Welcher Reiter schreit schon Juhuu, wenn er sein Roß um die Hindernisse herumtragen soll?! Aber man kann es sich einfacher machen oder auch unnötig schwer. Also.

Voraussetzung

Erste Voraussetzung ist natürlich, daß man das feste Land dort erreicht, wo man es erreichen möchte. Das mag sich banal anhören. Aber immer wieder verunglücken Kanu-Neulinge in Stromschnellen oder an Wehren, die sie gar nicht befahren wollten. Vorsicht allein genügt nicht! Wenn einer nicht dazu in der Lage ist, rechtzeitig anzulegen, dann wird er unter Umständen mitsamt seiner Vorsicht absaufen. Wie man richtig anlegt und aussteigt und auf schnell strömenden Flüssen ein Kehrwasser zum Anlegen nutzt, wurde im vorigen Kapitel ausführlich beschrieben. Wer das nicht im Schlaf beherrscht, der darf auch keinen Fluß mit gefährlichen Passagen befahren – und wenn diese noch so leicht zu umtragen sind!

Landtransport

Hat man nur wenig Gepäck und lediglich auf kürzestem Weg ein **Wehr zu umgehen,** so ist das kein Problem. Manche Boote haben vorn und hinten Tragschlaufen, die in diesem Falle ausreichen. Sonst klemmt sich einer der Paddler die Bugspitze unter den Arm, der andere die Heckspitze (einer von links, der andere von rechts) und Abmarsch. Bequemer ist es natürlich, wenn man zusätzlich breite Tragegurte hat, die man zur Entlastung über die Schulter hängen kann, oder wenn man das ganze Boot – wieder einer von links, der andere von rechts – kielunten auf die Schultern hebt. Sobald der Weg ein wenig länger wird, wird man diese Entlastungen sehr zu schätzen wissen, denn sonst werden auch die Arme rasch immer länger! Auf breiten Wegen oder im offenen Gelände kann man ein schweres oder beladenes Boot zu viert recht komfortabel tragen, indem man unter Bug und Heck zwei kurze Gurtschlaufen durchzieht und an beiden Seiten anhebt.

Noch bequemer wird es, wenn man einen guten Weg und einen **Bootswagen** hat. Da stellt man seinen Kahn drauf, so daß er nach vorn ein bißchen Übergewicht hat, und schnallt ihn fest (s. „Bootswagen" im Kapitel Zubehör). Das Gepäck – selbst umfangreicheres – kann bei dieser Transportweise im Boot bleiben. Dem Boot zuliebe

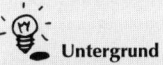
Untergrund

Die meisten Boote sind so robust, daß man sie über Gras, Sand oder Kies problemlos auch ziehen kann, ohne ernste Schäden zu verursachen. Besonders auf feuchtem Gras geht das relativ mühelos. Wird der Untergrund rauher, ist es für die Außenbeschichtung (und die Vegetation!) schonender, das Boot zu tragen.

Hindernisse

sollte sich die Hauptlast jedoch über oder nahe dem Bootswagen befinden – insbesondere bei Faltbooten – damit die Längsverbindungen nicht über Gebühr strapaziert werden. Dann greift man sich die Bugschlaufe – und ab geht die Post!

Portagen (Abb. S. 113)

Weniger spaßig ist es, wenn man einen Canadier in unwegsamem Gelände über längere Strecken transportieren muß – womöglich durch dichten Busch und durch Moskitowolken! Dann wird man rasch jedes Kilo zu schätzen lernen, das ein Boot **nicht** wiegt. Da sich die Bewegungen mehrerer Personen in schwierigerem Gelände schlecht koordinieren lassen, trägt man in diesem Fall den Canadier allein. Wichtig ist ein gutes Joch, das man mit einer Fleece-Jacke o.ä. zusätzlich polstern kann. Hat das Boot kein eingebautes Joch, so kann man eines improvisieren, indem man zwei Paddel in entsprechendem Abstand (ziemlich eng zusammen) längs über die Querholme (bzw. Bänke) schnallt, so daß die Paddelblätter beim Tragen auf den Schultern aufliegen. Wichtig ist natürlich, daß das Boot richtig ausbalanciert bzw. ganz leicht hecklastig ist.

Portagen

Bei längeren Portagen hat es sich bewährt, sie in einzelne Etappen zu unterteilen, um die Muskulatur durch den Wechsel zwischen Boottragen, Zurückmarschieren und Gepäcknachholen zu entlasten. Bei Rastpausen braucht man den Canadier nicht jedesmal ganz abzusetzen. Wenn man einen geeigneten Ast oder eine Astgabel findet, kann man ihn kieloben mit der Spitze dagegen lehnen, so daß man nachher die Schultern von unten her wieder ins Joch stemmen kann.

Zum **Schultern des Canadiers** stellt man sich als Rechtshänder auf die linke Seite des Bootes, greift dann den gegenüberliegenden Bootsrand rechts und links der Mittelstrebe, kippt das Boot auf die linke Bordwand und hebt es so weit in die Höhe, daß man es auf dem rechten Knie abstützen kann. Dann greift die rechte Hand zum linken (unteren) Bootsrand

041-ka Abb.: sh

um, und mit einem leichten Kniestoß wird das Kanu hochgestemmt und über den Kopf gekippt. Wichtig ist das Abstützen auf Knie oder Oberschenkel auch beim Absetzen des Bootes – sonst knallt es sehr unsanft zu Boden, oder man holt sich eine schmerzhafte Zerrung.

▲ Kanu umtragen mit Paddeln als improvisiertem Tragejoch

Sitzt das Boot richtig auf den Schultern, greifen beide Hände nach vorn zum Bootsrand und halten es so in der Balance, daß das Heck tiefer hängt und der Blick nach vorne frei ist. Unvermeidlicher Nachteil dieser Trageweise: man hat verflucht wenig Hände frei, um den rinnenden Schweiß zu trocknen oder um blutgierige Moskitoschwärme abzuwehren. Tragen Sie es mit Fassung!

Treideln (Abb. S. 114 u. 115)

Entschließt man sich dazu, eine schwierige Stelle auf festem Boden zu umgehen, so muß das nicht immer heißen, daß man auch sein Boot dorthin mitnimmt. Durch flache Abschnitte mit Strömung kann man

Hindernisse

hinter dem Boot her waten und es an der Heckleine führen. Fehlt die Strömung, geht man eben voraus und zieht es an der Bugleine. Auf ähnliche Weise kann man es vom Ufer aus oder im flachen Wasser stehend durch manche Stromschnelle **treiben lassen**. Oft mag dafür eine einfache Verlängerung der Heckleine genügen. An einer geeigneten Stelle stromab nimmt der Partner das Boot in Empfang, und derjenige, der die Leine gehalten hat kommt nach. Kritisch wird es, falls das Boot bei dieser Prozedur mit einem Hindernis in Berührung kommt. Dann heißt es, rasch an der Heckleine stromauf ziehen, sonst legt sich das Boot sofort quer und kentert. Ist das Hindernis ein Felsblock, hat man genauso schnell einen Total-schaden und womöglich noch die Ausrüstung verloren. Also kein Risiko eingehen und – besonders

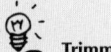

Trimm

Beim Trimm ist darauf zu achten, daß - wie immer - das gegen die Strömung weisende Ende des Bootes leichter ist. Denn bekanntlich kann die Strömung am schweren Bootsende stärker angreifen und wird daher stets versuchen, es stromab zu drehen.

▼ *Treideln am Yukonufer*

auf Wildnistouren – im Zweifelsfalle lieber umtragen. Nicht immer ist die Heckleinen-Methode ausreichend – etwa, wenn man ein **Hindernis umschiffen** muß oder wenn man das Boot **stromauf treideln** will. Dann braucht man zwei Leinen. Im einfachsten Fall Verlängerungen der Bug- und Heckleinen. Wesentlich stabiler liegt das Boot jedoch, wenn man die **Treidelleinen** im Bereich der Sitzbänke anbringt und sie auch nicht oben an der Bordwand, sondern auf Höhe der Wasserlinie befestigt oder noch darunter. Das geht am einfachsten, indem man zunächst eine Seilschlaufe wie einen „Halfter" um den ganzen Rumpf legt und an der Sitzbank fixiert.

Beim **Treideln** muß das stromauf weisende Ende weiter vom Ufer entfernt sein, damit das Boot durch das anflutende Wasser nach dem Prinzip der Seilfähre nach außen gedrückt wird (1). Nun kann man am Ufer entlang gehen – sei es stromauf oder stromab – und schräggestellte Boot neben sich herschwimmen lassen. Genauer gesagt: beim ▼ *Treideln*

Hindernisse

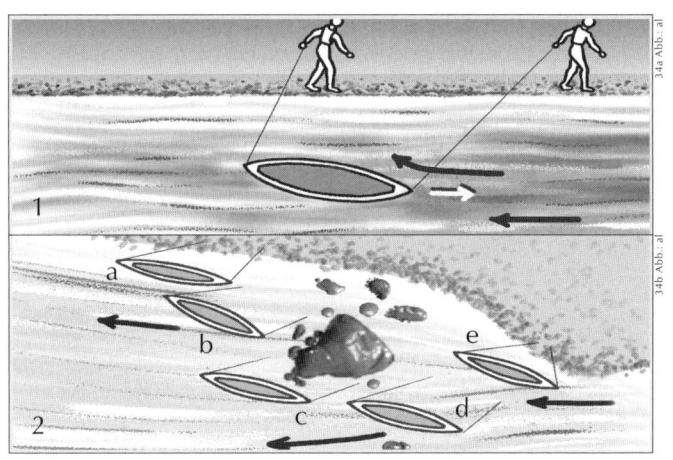

34a Abb.: al

34b Abb.: al

35 Abb.: al

▲ Im Kehrwasser zeigt das Heck nach außen (a). Beim Einschlingen in die Strömung ist der Winkel zu groß, und das Boot droht zu kentern (b). Loslassen der Bugleine löst den Druck und der Bug dreht stromab (c).

stromab Treideln ist einem das Boot immer ein Stück voraus, stromauf umgekehrt. Gibt es am Ufer Untiefen, Steine oder sonstige Hindernisse, die man umgehen muß, so kann man das Boot wie einen Drachen weiter in die Flußmitte hinaus „steigen" lassen, indem man ihm mehr Seil gibt und den Winkel entsprechend reguliert (S. 115, 2).

Der Winkel! Das ist der entscheidende Punkt. Vom richtigen Winkel hängt bei der Treidelei alles ab. Nämlich das ganze Boot mitsamt seiner Ladung. Je geringer die Strömung, desto größer muß der Winkel zwischen Bootsachse und Strömungsrichtung sein, damit das Boot nicht gegen das Ufer läuft. Je stärker die Strömung wird, desto geringer wird nicht nur der Winkel, sondern auch der Toleranzbereich, um den der tatsächliche Winkel vom Ideal-Winkel abweichen darf. Konkret: ist der Anstellwinkel bei starker Strömung auch nur ein paar Grad zu groß, dann wird die Strömung mit aller Kraft versuchen, das Boot querzustellen und umzukippen (c). In dieser Situation auf gar keinen Fall

versuchen, durch starkes Ziehen an der stromauf
befestigten Leine den Winkel zu korrigieren, sondern diese Leine sofort locker lassen, so daß sich
das Boot um 180° dreht und nun mit dem anderen
Ende stromauf weist (a). Das kann natürlich nur in
freiem Wasser gutgehen, wo das Boot nicht quer
vor einen Felsen treiben wird. Durch kritische
Schnellen mit starker Wasserwucht treideln sollte
daher nur, wer bereits einige Erfahrung hat. Sonst
geht man auf Nummer sicher und nimmt seinen Canadier lieber auf die – weniger leichte – Schulter.

▲ *Bootsschleppe*
(Schienenwagen)

Wasserwandern wörtlich genommen

Begehbare Ufer vorausgesetzt ist das Treideln mit
Abstand die bequemste Möglichkeit, um flußauf zu
gelangen. Es braucht kaum Kraft, und wenn keine
Hindernisse das Leben erschweren, kann man auf
diese Weise Strecken zurücklegen wie sonst beim
Wandern mit leichtem Gepäck. Allerdings sind hin-
dernisfreie Strecken selten. Immer wieder muß man
den Fluß überqueren, weil das Prallufer nicht be-

117

gehbar ist. Und auch beim Stromauf-Treideln muß man vorsichtig sein, wenn man das Boot aus einem Kehrwasser heraus in die Strömung dirigiert.

Schleusen und Bootsschleppen

Auf Gewässern, die auch von der Berufsschifffahrt genutzt werden oder wurden, wird man früher oder später vor einem Schleusentor stehen. Manchmal sind das kleine Schleusen die man im Handbetrieb selbst bedienen muß. In größere Schleusen erst ein- (bzw. wieder ausfahren), wenn der Schleusenwärter ein Zeichen gibt oder ein grünes Licht aufleuchtet. Als Paddler kann man viele Schleusen auch umtragen, wenn man nicht warten will. Oft ist der Aus- und Einstieg wegen steiler Treppen sehr schwierig. Manche Schleusen – z.B. im Gebiet der Mecklenburger Seen – sind mit einer **Bootsschleppe** (S. 117) ausgestattet; das sind auf Schienen laufende stabile Eisen-Wägelchen, die im Normalfall neben der Schleusenkammer auf dem festen Grund stehen. Manchmal befinden sie sich aber auf der einen oder anderen Seite unter dem Wasserspiegel. Erkennbar sind diese Vorrichtungen daran, daß ein Schienenstrang im Wasser verschwindet.

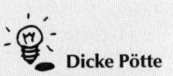

Dicke Pötte

Wer in eine größere Schleuse einfährt, der sollte darauf achten, daß er nicht gerade zwischen die „dicken Pötte" gerät, sondern ein Plätzchen an der Schleusenwand erwischt, wo er an einer Stange Halt findet, während der Wasserspiegel steigt oder fällt. In der Schleuse darf das Boot natürlich keinesfalls fest angebunden werden! Beim Bergauf-Schleusen nicht zu dicht an das obere Schleusentor heranfahren, denn beim Einströmen des Wassers kann es dort ordentlich brodeln!

Den darauf laufenden Bootswagen kann man – an einer Kette gesichert – unter das Boot rollen lassen und dann sein Schiffchen (ohne es entladen zu müssen) darauf huckepack über Land bis zum jenseitigen Ende der Schleuse ziehen. Eine feine Sache! Aber passen Sie auf, daß Sie keinen Zeh unter die Eisenräder kriegen! Bremsen Sie daher – wenn es bergab geht – tunlichst von hinten, indem Sie an der Kette festhalten, und sehen Sie zu, daß sich nichts und niemand vor dem Gefährt aufhält.

Lassen sie die Kette nicht aus der Hand, sonst müssen Sie womöglich tauchen, um den Bootswagen wieder aus dem Wasser zu bekommen. Und stellen Sie ihn nach getaner Arbeit wieder oben auf der ebenen Strecke ab, wo Sie ihn zusätzlich sichern, indem Sie auf beiden Seiten etwas unter die Räder legen – und sei es nur die Zugkette.

▼ *Bootsschleppe auf Rollen im Spreewald ermöglicht es, die Boote einfach über Land zu ziehen*

044-ka Abb.: rh

Hindernisse

040-ka Abb.: rh

Sicherheit

Sicherheit

In die meisten der in diesem Kapitel beschriebenen Gefahrensituationen wird der durchschnittliche Wanderpaddler nie gelangen. Er braucht sich also durch beängstigende Szenarien nicht abschrecken zu lassen. Dennoch sollte man sich mit diesen Risiken und ihrer Vermeidung befassen, um auf den Notfall vorbereitet zu sein.

Gefahren erkennen / vermeiden

Um die Gefahren zu erkennen muß man die Zeichen des Wassers lesen können. Theoretische Kenntnisse genügen nicht. Man benötigt praktische Erfahrung, um die Risiken richtig einschätzen zu können, und diese Erfahrung sammelt man am besten und schnellsten in Begleitung eines erfahrenen Kanuten. Auf schnell fließenden Gewässern ist es oft schwierig oder unmöglich, riskante Stellen rechtzeitig vom Wasser aus zu erkennen: der Blickwinkel vom Boot aus ist so flach, daß schon eine kleine Stufe oder einige Steinblöcke den Blick versperren, und oft sind enge Kehren zu bewältigen. Daher muß man jede Gelegenheit nutzen, um sich in einem Kehrwasser Überblick zu verschaffen, und im Zweifelsfalle stets anlegen, um den nächsten Abschnitt vom höheren Ufer aus einzusehen.

Neopren:
ist das Material, aus dem auch Taucheranzüge sind; hält auch im kalten Wasser warm.

Polypropylen:
Polyprop ist eine Kunstfaser, die fast kein Wasser aufnimmt, rasch trocknet und auch in nassem Zustand einigermaßen warm hält.

Verhalten bei Kenterungen

Auch das Kentern sollte man üben! Am besten in einem Kehrwasser, das flußab viel Platz zum Anlanden läßt, sinnvoller Weise bei warmem Wetter und mit ↗Neopren- oder zumindest ↗Polyprop-Kleidung.

122

Man braucht nur beim Aus- oder Einschlingen falsch zu kanten, schon spürt man die Wirkung!

Kentert man auf **Zahmwasser,** ist es meist kein Problem, mit dem Boot schwimmend das Ufer zu erreichen, um es dort zu entleeren. Bei jeder Kenterung kann eine **Bergungsleine** hilfreich sein, ein 15–20 m langes schwimmfähiges Seil, das aufgeschossen am Heck befestigt wird, und dessen Ende 1–2 m überhängt, um es im Notfall rasch greifen zu können. Verheddert man sich in einer Leine, ist ein rasch greifbares **Messer** die einzige Rettung.

Kentert man im **Wildwasser** und bleibt beim Boot, muß man unbedingt **stromauf** davon bleiben oder sofort dorthin gelangen! Wer zwischen einen Felsblock und den quergetriebenen, stromauf offenen Canadier gerät, wird schon in einer mäßigen Strömung mit einer Kraft von fast 2 Tonnen zerquetscht!

Fußangel

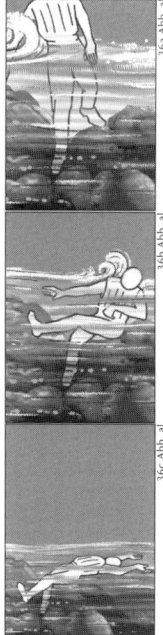

36a Abb. al

36b Abb. al

36c Abb. al

Wird man in einer **Walze** festgehalten, und kommt anders nicht mehr heraus, so kann man versuchen unter die Walze tauchen, um vom darunter abfließenden Wasser freigespült zu werden (Schwimmweste nur im äußersten Notfall ausziehen, denn dann besteht die Gefahr bei Bewußtlosigkeit zu ertrinken!). Im Wildwasser flach auf dem Rücken und **mit den Beinen stromab schwimmen,** um das Risiko einer Kollision mit Felsblöcken zu minimieren.

Nicht zu früh aufstehen! Wer in eine **Fußangel** gerät (s. Abb. rechts), hat selbst im Flachwasser gegen die Strömung kaum eine Chance und ertrinkt. In eine ähnliche **Falle** gerät der Heckpaddler, der die Beine unter die Sitzbank geschlagen hat, wenn sein Boot quer vor einem Hindernis stromauf kentert.

Bei Kenterungen auf **offenen Wasserflächen** sind die Risiken von Bootsverlust und Unterkühlung gegeneinander abzuwägen. Wer sich auf offene Wasserflächen wagt, sollte unbedingt die geeigneten Methoden der Bergung so lange einüben, bis er sie unter schwierigen Bedingungen beherrscht!

Sicherheit

Retten (Abb. S. 125)

Viele Kanuten sind schon ertrunken, als sie versuchten, einem verunglückten Kollegen zu helfen. Überlegt handeln!

Am sichersten ist die Rettung vom Ufer aus mit dem **Wurfsack.** Der Verunglückte sollte dabei möglichst die Hände V-förmig über den Kopf strecken, während der Retter mit dem Wurfsack über seinen Kopf hinweg zielt. Ist dies nicht möglich, so können zwei Retter versuchen, ihn mit einem über den Fluß gespannten Seil zu erreichen (1).

Beim Boot bleiben?

Kentert man auf einer Gruppenfahrt, so braucht man sich nur um die eigene Sicherheit zu kümmern. Boot und Paddel können die anderen bergen. Bei Solotouren im Nahbereich kann man u.U. das Boot ebenfalls sausen lassen und darauf hoffen, daß es sich flußab in einem Kehrwasser bergen läßt. Auf Wildnistouren hingegen ist das Boot oft die einzige Möglichkeit, wieder zurück zu gelangen, und muß wenn irgend möglich gleich geborgen werden. Auf offenem Wasser wird die Entscheidung dadurch erschwert, daß eine lebensgefährliche Unterkühlung droht, wenn es nicht gelingt das Boot rasch wieder in Normallage zu bringen und einzusteigen (s.u.). Im Zweifelsfall lieber ohne Boot zum Ufer schwimmen.

Um einen Verunglückten aus einem Rücksog zu bergen, kann man auch ein per Seil gesichertes Boot (mit reichlich Auftriebskörpern!) von stromauf einschwimmen lassen (2) oder stromab eine Bootskette bilden, wobei ein durch ein Seil gesichertes Boot zum Verunglückten paddelt, während das andere im abfließenden Wasser bleibt, um Retter und Verunglückten wieder herauszuziehen (3). Das rettende Boot kann auch vom Ufer aus per Seil gesichert werden (4).

Achtung: Die Methoden (3) und (4) sind für die Retter im Boot sehr gefährlich!

Um einen **Bewußtlosen** vom Boot aus zu retten benötigt man eine Bergungsleine: ein ca. 2 m langes Seil mit großem Karabiner, der am Gurt oder an der Schulter der Schwimmweste des Verunglückten eingeklinkt wird.

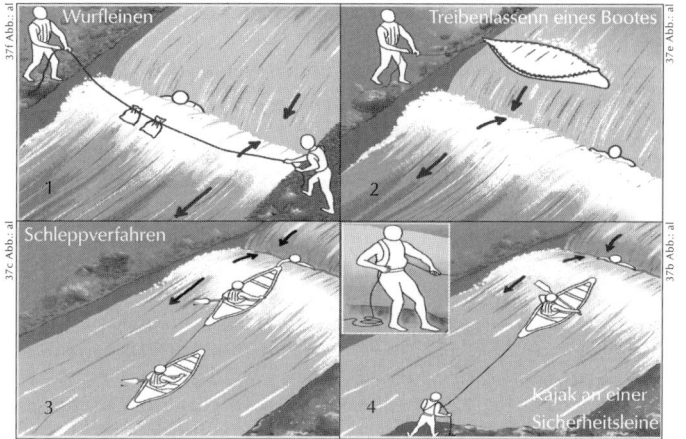

Boot bergen

Im Flachwasser (Abb. S. 127)

Im Flachwasser geht es zunächst darum, die gefährliche Position stromab vom Boot (s.o.) zu verlassen und dann, das Boot daran zu hindern, quer vor einen Felsblock zu treiben.

Dazu hält man das stromauf weisende Ende fest und hebt es nach Möglichkeit etwas an. Ist das Wasser so flach, daß man stehen kann, und die Strömung nicht zu stark, hebt man das Bootsende so hoch wie möglich an, wodurch bereits über die Hälfte des Wasser abfließen kann. Hat man das Ufer erreicht, darf man das Boot nicht einfach an Land ziehen – dem Gewicht des eingedrungenen Wassers würde selbst ein solides Boot kaum standhalten.

Noch im etwa hüfttiefen Wasser stellt man sich stromauf zur Bootsmitte (1), kippt das Boot zu sich her auf die Kante und hält es mit einer Hand an der

▲ *(1) Die Leinen werden verbunden und zum Verunglückten geführt. (2) Einschwimmen lassen eines Kanus mit Auftriebskörpern (3) Bootskette. Sie ist sehr gefährlich. (4) Das Kanu kann exakt in Position gebracht werden, muß aber auf ein vereinbartes Signal hin zurückgezogen werden.*

Sicherheit

125

Mittelduct, mit der anderen am unter Wasser liegenden Süllrand (2). Dabei geht man in die Knie und hebt das Boot durch Strecken der Knie langsam an, so daß das Wasser abläuft (3). Zum Schluß das Boot etwas zu sich her kippen, daß es ganz leerläuft, und dann das obere Dollbord nach außen stoßen und das untere rasch hochreißen, damit das Boot in Normallage landet (4).

Befindet man sich an einem steilen Ufer und kann das Boot nicht leeren, ehe man es hinaufzieht, sollte man es in Kenterlage drehen, damit das Wasser beim Bergen herauslaufen kann.

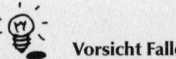

Vorsicht Falle!

In flachem Wildwasser nicht zu früh aufstehen. Wer dabei im nur hüfttiefen Wasser mit dem Fuß zwischen Felsblöcke gerät, kann von der Strömung umgerissen und unter Wasser gedrückt werden. Selbst gegen eine mittelprächtige Strömung hat man dann kaum eine Chance, sich wieder aufzurichten. (s. Abb. S. 123)

Im Tiefwasser (Abb. S. 129)

Bergen im Tiefwasser ist selbst bei ruhigem Wasser nicht einfach, und Kenterungen passieren eben selten bei ruhigem Wasser, sondern bei starkem Wind und Wellengang! Wer sich auf offene Wasserflächen wagt, sollte es vorher intensiv üben und nie allein, sondern zusammen mit anderen Booten fahren.

Um einen Teil des Wassers aus dem Boot zu bekommen, kann man zunächst eines der Bootsenden unter Wasser drücken und dann rasch wieder wegstoßen und hochreißen (S. 129, 1). Danach greift man es seitlich am Dollbord und schüttelt es hin und her (2). Beides erfordert Übung und gutes Timing! Boote mit nach innen gekrümmter Bordwand, kann man auf diese Weise nicht entleeren.

Ist man in der Gruppe unterwegs, hilft die **Bootüber-Boot Bergung,** die durch die Abbildungen 3 bis 7 auf Seite 129 dargestellt wird.

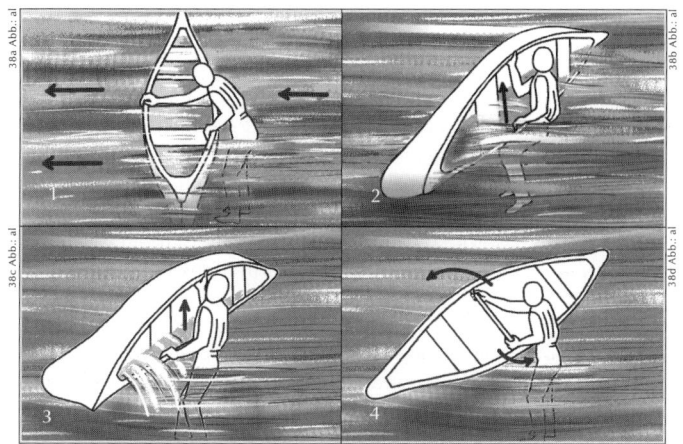

Die Person im Wasser stabilisiert das Boot des Helfers. Das zu bergende Boot läßt sich leichter anheben, wenn man es gut einen Meter hinter der Spitze zunächst seitlich über den Wasserspiegel hebt, damit Luft hineingelangt (andernfalls müßte das im Boot befindliche Wasser mit angehoben werden!).

Mit **Gepäck im Boot** sind die Bergungsmethoden im Tiefwasser unmöglich oder zumindest erheblich erschwert. Deshalb sollten alle Gepäckstücke mit einer durchlaufenden Leine so angebunden sein, daß man sie schnell mit einem Griff alle lösen kann.

Boot umdrehen

Um das Boot wieder umzudrehen, wird meist empfohlen, auf den Rumpf zu klettern, den gegenüberliegenden Süllrand zu greifen und sich nach hinten fallen zu lassen. Das ist nicht immer möglich - insbesondere nicht bei Schlauchbooten, die auch in Kenterlage hoch aus dem Wasser ragen. In diesem Fall hilft nur eine in der Bootsmitte am Süllrand befestigte Leine, die man über das Boot werfen kann, um auf der andere Seite daran zu ziehen (mit dem Wind, nicht dagegen!)

Das **Einsteigen** ohne Fremdhilfe dürfte jedoch bei den meisten Canadiern unmöglich sein. Mit dem Canadier sollte man sich deshalb niemals allein auf offene Wasserflächen begeben. Im Notfall muß man mit einem schwimmenden Gepäckstück und dem Paddel eine Stabilisierung improvisieren.

In ein Kajak kann man mit Übung flach über das Heck einsteigen. Zu zweit kann man seitlich in den Canadier klettern, wenn der Partner sich von der anderen Seite an den Süllrand des Bootes hängt, um zu stabilisieren.

Der Zweite steigt dann langsam ein, während sein Partner das Boot durch Gewichtsverlagerung und durch Paddelstütze stabilisiert. Wenn man mit zwei oder mehr Booten unterwegs ist, können die anderen stabilisieren.

Warmschwimmen?

Anders als am Land kann man sich im Wasser nicht durch Bewegung aufwärmen, denn dabei wird das erwärmte Wasser in der Kleidung durch kaltes verdrängt, so daß der Körper etwa doppelt so schnell auskühlt wie in Ruhe. Die Kleidung aber keinesfalls ausziehen, auch wenn sie hinderlich ist, sonst kühlt der Körper rund dreimal schneller aus als mit Kleidung!

Unterkühlung

In kaltem Wasser wird der Körper nach einer Kenterung sehr schnell lebensgefährlich auskühlen – und Wasser ist fast immer kalt!

Schon im ersten Stadium der Unterkühlung lassen die Kräfte nach; dann folgen Verwirrtheit und Desorientierung. Das Auskühlen kann durch einen Trockenanzug oder Neopren-Kleidung verlangsamt aber nicht aufgehoben werden. Dennoch kann diese Kleidung bei sehr kaltem Wasser die Zeitreserve liefern, die man braucht, um wieder ins Boot oder ans Ufer zu gelangen. Sie ist ein Muß, wenn man auf offenen Wasserflächen paddelt.

Auch Flußpaddler sollten sich zumindest durch Polyprop-Unterwäsche und Fleece-Bekleidung schützen, die vor allem nach der Bergung der konventionellen Kleidung weit überlegen ist.

Literaturtip
Nähere Informationen über die Behandlung von Unterkühlungen finden Sie im Buch „Outdoor Praxis", Reise Know-How Verlag Peter Rump GmbH, ISBN 3-89416-629-0

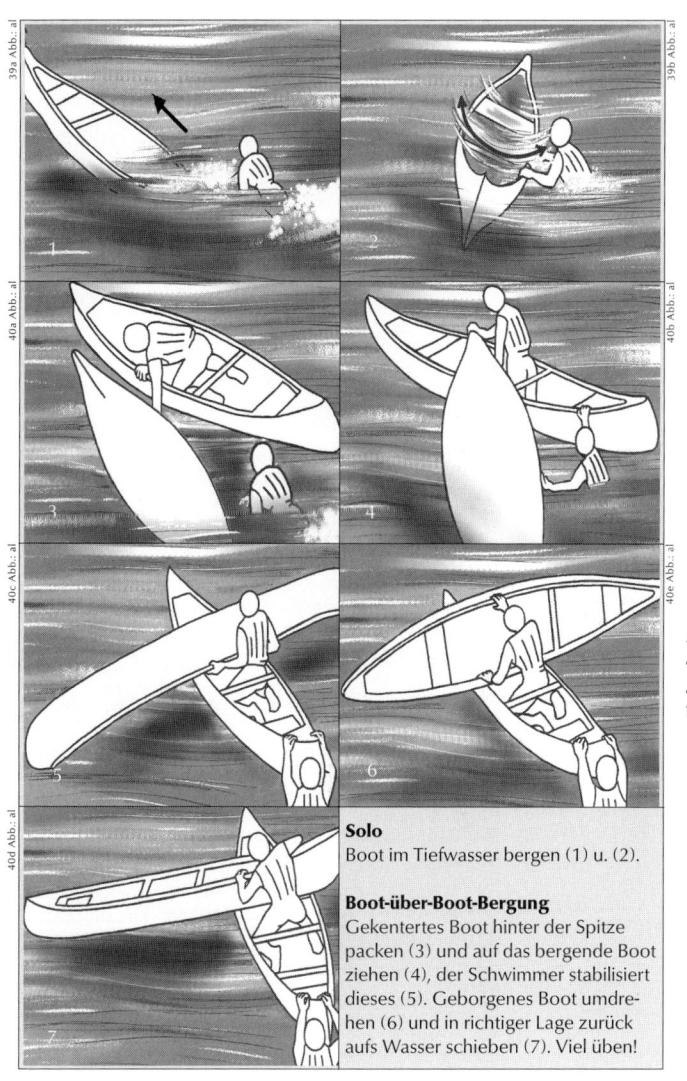

Solo
Boot im Tiefwasser bergen (1) u. (2).

Boot-über-Boot-Bergung
Gekentertes Boot hinter der Spitze packen (3) und auf das bergende Boot ziehen (4), der Schwimmer stabilisiert dieses (5). Geborgenes Boot umdrehen (6) und in richtiger Lage zurück aufs Wasser schieben (7). Viel üben!

Sicherheit

Auf Fahrt

Auf Fahrt

Planung ist der halbe Erfolg

Zunächst muß man sich klarmachen, was man unternehmen möchte und kann:
- einfache Tagestouren oder eine längere Ferienfahrt
- Touren auf Seen, auf ruhigen Flüssen, auf Wasserläufen mit Stromschnellen oder Küstengewässern
- Fahrten in besiedelten Gegenden oder in Wildnisgebieten

Wildnisfahrten

Bei Fahrten in Wildnisgebieten muß - ungeachtet von wassertechnischen Schwierigkeiten und Paddelerfahrung - zumindest ein Mitglied der Gruppe über Wildniserfahrung verfügen! Ich habe oft erlebt, daß solche Unternehmungen sonst schiefgehen. In glimpflichen Fällen ist der ganze Urlaub versaut, weil die Tour bei den ersten Schwierigkeiten abgebrochen wird (soweit das noch möglich ist). Aber es kann auch viel schlimmer kommen!

Informationen

Als nächstes beschafft man sich möglichst umfassende Informationen über das Gewässer und die Region, die man bereisen will:
- Welche Anforderungen stellt das Gewässer an das paddlerische Können? (Strömungsgeschwindigkeit, Stromschnellen, Verblockungen, Sweeper, Treibholz, etc.)
- Welche unfahrbaren Hindernisse (z.B. Wehre) gibt es? Wie oft und weit muß umtragen werden? Kann man Bootswagen benutzen?
- Wie ist der voraussichtliche Wasserstand?
- Wie ist das Klima zur geplanten Reisezeit?
- Wo gibt es Zeltmöglichkeiten?
- Wo kann man Lebensmittel und Trinkwasser beschaffen?
- Wie erreicht man die Einsatzstelle und wie kommt man wieder zum Ausgangspunkt?
- Wo kann man die Fahrt beenden und wo notfalls abbrechen?

Für fast alle Wanderflüsse in Europa und für viele Routen in Übersee gibt es **Flußbeschreibungen,** denen man wichtige Informationen entnehmen kann; z.B. der DKV Kanuführer. Bei Touren im Ausland lohnt es sich, auch vor Ort in eine Buchhandlung oder Info-Stelle zu gehen, um spezielle Routenbeschreibungen und Karten zu finden.

Karten und Zeitplanung

Topographische Karten im Maßstab 1:50.000 oder 1:100.000 kann man sich bereits vor Abreise beschaffen, vorausgesetzt man bestellt sie frühzeitig. Noch besser sind **spezielle Flußkarten,** die zwar wenig über die Landschaft verraten, dafür aber sehr detaillierte Informationen über Untiefen und Strömungsverhältnisse, Treibholzhindernisse, Verblockungen etc. enthalten, die man in topographischen Karten nicht findet. Diese Karten bekommt man meist erst vor Ort. Die **Zeitplanung** ist von der Fließgeschwindigkeit und von Hindernissen abhängig und davon, wie lange man täglich paddeln will. Auf stehenden Gewässern kann man etwa 20–25 km pro Tag ansetzen, auf hindernisfreien Flüssen mit guter Strömung etwa doppelt soviel. Das sollte genügend Zeit lassen für ausgiebige Pausen und kleinere Exkursionen. Auf jeden Fall sollte man einige **Reservetage** einplanen, um bei Wind und Regen abwarten zu können.

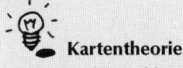

Kartentheorie

Besonders bei Wildnisflüssen sollte man bedenken, daß diese sich von Jahr zu Jahr verändern. Sandbänke, Untiefen, Strömungsverhältnisse, Hindernisse etc. können stellenweise ganz anders sein als noch im Jahr zuvor. Also nicht blind auf die Karten vertrauen.

Literaturtip
*W. Schwieder,
„Richtig
Kartenlesen",
ISBN 3-89416-753-X,
Reise Know-How
Verlag Peter Rump*

Anfahrt / Anreise

Wer ein Falt- oder ein Schlauchboot benutzt, kann es in den Kofferraum laden und problemlos auch im Flugzeug mitnehmen. Will man sein Schiffchen aufs Autodach packen, genügen zwei einfache **Querträger** mit entsprechender Polsterung (oder

Auf Fahrt

▲ *Mit vier Schaumstoffblöcken läßt sich ein Canadier selbst auf Kleinwagen rasch verladen und bequem transportieren*

vier Hartschaumblöcke, die auf den Süllrand geklemmt werden) und **2–4 Spanngurte** (einer pro Querträger plus je einer an Bug und Heck).

In Deutschland gilt, daß die Dachladung nach vorn und seitlich nicht überstehen darf, nach hinten maximal 1,50 m (bei Transportstrecken von bis zu 100 km sogar bis zu 3 m). Ragt das Boot mehr als einen Meter über das Autoheck hinaus, muß eine rote Fahne (30 x 30 cm), bzw. bei Nacht eine rote Lampe angebracht werden. Über Bestimmungen anderer Länder kann man sich bei den jeweiligen Automobilclubs informieren.

Und zurück?

Am einfachsten hat man es, wenn man mit zwei Fahrzeugen unterwegs ist. Dann kann man eines der Autos am geplanten Zielpunkt abstellen. (Aber die Schlüssel nicht vergessen! Nichts ist ärgerlicher, als wenn man abends ankommt und feststellen muß, daß man die Autoschlüssel im anderen Wagen gelassen hat!) Oft gibt es auch die Möglichkeit, von einer flußnahen Haltestelle per Bus oder Bahn zum Ausgangspunkt zurückzugelangen. Diese Möglichkeiten kann man bei der Anreise erkunden und sich gleich die Fahrzeiten notieren, damit man unterwegs weiß, wann man am Ziel sein muß.

Eine weitere Möglichkeit, die ich auf **Solo-Tages-fahrten** gerne nutze, ist das Fahrrad. Ich stelle es am geplanten Zielpunkt ab, mit einem Drahtschloß an einem Baum o.ä. befestigt. Dann bin ich völlig frei in der Zeiteinteilung und von öffentlichen Verkehrsmitteln unabhängig. Abends kommt das Boot ans Drahtschloß, und ich radle am Fluß entlang zurück zum Ausgangspunkt, um das Auto zu holen. Das ist nicht nur praktisch, sondern macht auch Spaß, da man das Flußtal dabei aus zwei Perspektiven kennenlernt.

Ausrüstung

Grundsätzlich braucht sich die Ausrüstung des Kanu-Campers nicht groß von der des Rucksackwanderers zu unterscheiden, so daß ich mich hier auf wichtige Unterschiede konzentrieren kann (Nähere Informationen hierzu habe ich in meinem Praxis-Buch „Wildnis-Ausrüstung" ausführlich beschrieben).

Literaturtip
*R. Höh,
„Wildnis-
Ausrüstung",
ISBN 3-89416-750-5,
Reise Know-How
Verlag Peter Rump,*

Zelt

Kuppelzelte sind für den Paddler besser geeignet als First- oder Tunnelzelte, weil sie ohne Heringe aufgestellt werden können. Auf Felsinseln, Sandufern und Kiesbänken ist man damit fein heraus. Außerdem sind sie sehr windbeständig, was gerade auf exponierten Inseln und Ufern sehr wichtig sein kann. Am solidesten steht ein geodätisches Kuppelzelt.

Schlafsack

Nehmen Sie getrost den gleichen, wie für Rucksackwanderungen. Das Argument, für Paddeltouren kä-

Auf Fahrt

me nur ein Kunstfasermodell in Frage, steht auf schwachen Beinen. Mit der großen Auswahl wasserdichter Behälter (s.u.) können wir Wasserwanderer unsere Federbettchen ebenso gut trockenhalten wie die Rucksack-Trekker, selbst wenn wir einmal umschmeißen sollten.

Kleidung

Grundsätzlich kann die gleiche Kleidung verwendet werden wie für Wanderungen. Dabei sollte man noch mehr darauf achten, daß sie wenig Wasser aufnimmt, schnell trocknet und auch in nassem Zustand noch isoliert; also: Polyprop-Unterwäsche, Fleece und andere moderne Kunstfasern. Auch auf kurzen Tagestouren stets eine wasserdicht verpackte Garnitur Kleidung zum Wechseln mitnehmen.

Beachten Sie, daß auch Kinder vollwertigen Wetterschutz brauchen. Eine sehr gute Lösung für die kleinen Kanuten bietet z.B. K-WAY: die wasserdicht/dampfdurchlässige „Uni-Jacke" mit Kapuze, Netzfutter und Gürtelpacktasche sowie die dazu passende, wind- und wasserdichte Überhose mit verschweißten Nähten.

Verpackung

Für An- und Abreise und falls man unterwegs längere Fußwanderungen einbauen will, ist ein Rucksack praktisch. Aber für den Bootstransport braucht er eine wasserdichte Zusatzverpackung, sonst hält er allenfalls Spritzwasser ab. Zumindest sollte man ihn auf irgend etwas drauflegen - und seien es nur ein paar Äste - damit er nicht am Bootsboden in einer Pfütze liegt. Besser sind wasserdichte Packbeutel und Bootssäcke mit Roll-Steck Verschluß. Alternativ dazu kann man Tonnen und Kunststoff-Container mit dicht schließenden Schraubdeckeln benutzen.

Für Lebensmittel wie Mehl, Reis etc. gibt es Weithalsflaschen, nachfüllbare Plastiktuben oder

Schraubdosen in unterschiedlichen Größen (Bezugsquelle: Relags).

Gepäckbefestigung

Für **Tagestouren auf Zahmwasser** habe ich alles in einem Bootssack, den ich an einer ca. 1 m langen Leine anbinde, so daß er im Falle einer Kenterung herausfällt aber nicht wegtreibt. So läßt sich der Sack rasch etwas weiter nach vorn oder hinten verschieben, um den Trimm zu variieren. Damit sich die Befestigung mit einem Handgriff lösen läßt, ist ein Karabiner günstig. Meine **Fotoausrüstung** habe ich direkt vor mir in einem wasserdichten Farbeimer ebenfalls an einer etwa 1-m-l eine per Karabiner befestigt.

Für **längere Touren** mit mehr Gepäck ist es vorteilhaft, wenn man zwischen zwei Querholmen (im Solo zwischen Querholm und Bugschlaufe) eine durchgehende Reepschnur spannt, an der mehrere Bootssäcke per Karabiner eingehängt werden können.

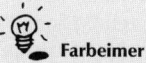

Farbeimer

Fraglos die billigsten wasserdichten Container sind Farbeimer, die man von Malereien kostenlos bekommen kann. Sie besitzen einen Bügelhenkel, an dem man sie anbinden kann, und sind unglaublich vielseitig verwendbar. Sie können darin nicht nur allerlei Ausrüstung und Kleinkram wasserdicht verstauen, sondern auch Wasser damit holen oder das Boot lenzen, den ganzen Eimer als Tischchen verwenden oder den Deckel allein als Schneidebrett oder um Fische zu panieren, mit Wasser gefüllt können sie als Trimmgewicht dienen, und notfalls kann man auch darauf sitzen.

Auf Seen oder anderen weiten Wasserflächen ist es besonders wichtig, daß man das Gepäck im Falle einer Kenterung rasch herausnehmen kann, um das Boot ggf. drehen und entleeren zu können. Hierzu kann man auch die durchgehende Reepschnur mit Karabinern befestigen (wenigestens auf einer Seite), so daß man alles „am Stück" und mit einem Griff herausnehmen kann.

Auf wilderem Wasser ist es wichtig, daß das Gepäck nicht verrutschen kann. Ein Bootssack läßt sich meist so zwischen den Bordwänden verkeilen,

Auf Fahrt

daß dies gewährleistet ist. Sonst muß man ihn an mehreren Punkten sicher fixieren. Vorteilhaft sind in diesem Fall Befestigungspunkte am Bootsboden. Auf Wildwasser ist es kein Nachteil, wenn der Bootssack bei einer Kenterung nicht herausfällt. Im Gegenteil: Er gibt zusätzlichen Auftrieb, und das Boot muß hier ja nicht schwimmend gedreht werden. Kritischer wird es auf offenen Wasserflächen bei höheren Wellen. Dann geht man am besten ans Ufer! Sicherheitshalber kann man aber die Bootssäcke an der Reepschnur fixieren; z.B. an einzelnen Schlaufen So sind die Säcke fixiert und lassen sich doch mit einem Griff herausnehmen, indem man den Karabiner der Reepschnur öffnet.

Proviant

Literaturtips
R. Höh,
„Wildnis-Küche",
ISBN 3-89416-751-3

Was die leibliche Verpflegung betrifft verweise ich auf mein Buch 'Wildnis-Küche', ebenfalls in dieser Praxis-Reihe erschienen. Hierin finden sich sowohl Informationen über die Küchenausrüstung, als auch Proviantlisten und Rezepte für die Küche außer Haus.

Unterwegs

R. Höh,
„Orientierung mit
Kompass und GPS"
ISBN 3-89416-755-6
„GPS Outdoor-
Navigation"
ISBN 3-89416-762-9

Alle Titel aus der
Reihe Praxis,
Reise Know-How
Verlag Peter Rump

Orientierung

Auf Flußtouren hat man meist keine größeren Orientierungsprobleme, da der Weg klar vorgegeben ist. Oft ist es aber auch wichtig, zu wissen, an welcher Stelle man sich befindet (etwa um sagen zu können, wo die nächste Schnelle lauert). Hat man gute Karten, so kann man mit Hilfe von Bachmündungen, Inseln, Flußbiegungen, Bergen, etc die Route verfolgen (einer der Gruppe sollte das ständig tun). Übung im Umgang mit Karte und Kompaß ist auch für den Wasserwanderer wichtig. Schwieriger wird es auf

Seen und im Labyrinth von Inseln, da die Uferkonturen aus der flachen Perspektive kaum zu erkennen sind. Hier kann ein GPS-Gerät – zusätzlich zu Karte und Kompaß! – sehr hilfreich sein.

Kanu-Camping

Campingplätze

Wer von Campingplatz zu Campingplatz paddeln will, der sollte etwas vorausplanen und am Tag vorher reservieren, sonst könnte es leicht sein, daß am Abend zumindest die begehrten Plätze am Ufer bereits belegt sind – wenn nicht gar schon alle.

In freier Natur zu Hause

Gelegentlich wird man keine andere Wahl haben (oder auch nicht haben wollen!), als sein Lager irgendwo am Ufer in einer malerischen Bucht oder auf einer Flußinsel aufzuschlagen. Unnötig zu sagen, daß dies oft die schönsten Plätze sind. Auf Wildnistouren sind solche Camps die Regel. Aber auch in Mitteleuropa wird man immer wieder einmal auf 'wildes Zelten' angewiesen sein. Daß dabei Naturschonung oberstes Gebot ist, sollte selbstverständlich sein.

Ehrenkodex der Wasserwanderer

●**Schutzgebiete und Sperrzonen respektieren,** auch wenn nicht sofort ersichtlich ist warum (manche Vogelarten reagieren besonders während der Brutzeit sehr empfindlich auf Störungen).

●**Schilfgürtel und Ufergehölze umfahren.** Sie sind Zuflucht und Gelegezonen vieler Vogelarten. Selbst ein einzelnes Boot richtet dort mehr Schaden an, als die geknickten Schilfhalme erkennen lassen.

●**Rastplätze von Zugvögeln,** z.B. auf Sand- und Kiesbänken, weiträumig umfahren.

●**Anlegen** nach Möglichkeit nur an Stellen, an denen die Ufervegetation nicht beschädigt werden kann.

Auf Fahrt

● **Zelten** nur dort, wo man nach gewissenhafter Prüfung keine Schäden anrichtet und keine bleibenden Spuren hinterläßt.

● **Feuerstellen** – soweit dies überhaupt gestattet ist – möglichst nur auf Fels, Sand-, oder Kiesufern anlegen und vor der Abfahrt restlos beseitigen (Holzreste verteilen, Steineinfassung beseitigen, Brandstelle wieder mit Kies oder Sand bedecken etc.). Es freut keinen, wenn er an jeder nur denkbaren Raststelle ein halbes Dutzend oder noch mehr alte Feuerstellen vorfindet.

● **Feuer** stets gründlichst löschen. Wasser ist ja genügend in der Nähe. Lieber einen Eimer mehr darüberschütten und tüchtig durchrühren bis alles schwimmt. Das Feuer auf gleiche Weise auch abends löschen. Waldbrand-Warnstufen beachten!

● **Abfälle** gehören weder in den Wald noch ins Wasser. Grundsätzlich alles wieder mitnehmen. Nur Papierreste kann man verbrennen und organische Abfälle je nach Region vergraben – aber nicht überall! (s.u. „Bärengebiete").

● **Toiletten** sind natürlich nicht immer zur Stelle, wenn man sie braucht. Aber selbst ohne Klappspaten ist es kein Problem, mit einem Stock ein kleines Loch zu scharren und nachher so zuzudecken, daß keine Spur zurückbleibt – auch kein Klopapier, das als Fahne der Geschmacklosigkeit im Dickicht flattert.

● **Wasch- und Spülmittel** sparsam verwenden und nur solche, die biologisch abbaubar sind. Oft reicht es, wenn man seine Töpfe mit Sand oder Kies ausscheuert.

● **Gruppenfahrten** in vielbesuchten Gebieten vermeiden. Gegen 2–3 Boote ist gewiß nichts einzuwenden, aber je größer die „Flottenverbände" desto größer die Störung.

● **Grundberührungen vermeiden,** da die Kleintierfauna sonst schwer geschädigt werden kann (schon durch die aufgewirbelten Sedimente); bei niedrigem Wasserstand von Befahrungen ganz absehen.

●**Lärm und andere Störungen** wird man schon im eigenen Interesse unterlassen, wenn man die Natur erleben will.

Küche und Abfallentsorgung in Bärengebieten

In Bärengebieten gelten andere Regeln. Diese Allesfresser können Lebensmittelreste auf große Entfernungen riechen, und wenn sie in einem Camp (einem bewohnten oder einem verlassenen) Futter finden, können sie für die Bewohner bzw. für nichtsahnende Nachfolger sehr ungemütlich werden. Daher Küchenabfälle keinesfalls vergraben!

In Bärengebieten werfe ich grundsätzlich alle organischen Abfälle in den Fluß. Dort können sich die Fische daran gütlich tun, und was sie übrig lassen, verkraftet ein Wildnisfluß mühelos. Töpfe und Geschirr sauber auswaschen. Das Abwaschwasser – natürlich möglichst ohne Spülmittel – kommt ebenfalls in den Fluß. Konservendosen werden im Feuer ausgebrannt, plattgetreten und mitgenommen. Plastikverpackungen, z.B. von eingeschweißem Speck, kann man ebenfalls verbrennen (was allerdings ekelhaft qualmt und stinkt) oder mit heißem Wasser sauber auswaschen und wieder mitnehmen.

Alle Lebensmittel – insbesondere stark duftende wie Speck, Dauerwurst u.ä. – sollte man luftdicht verpacken – was für Kanuten mit wasserdichten Behältern kein Problem ist. Dann kann man notfalls auf das viel empfohlene (und selten praktizierte) Aufhängen des Proviants verzichten.

Geeignete Campstellen

Nach einem Platz für das Camp sollte man sich möglichst frühzeitig umsehen, denn erfahrungsgemäß sind die Campstellen gerade dann am rarsten, wenn man sie am dringendsten benötigt.

Auf Fahrt

Besonders Wildnisflüsse sind oft von Dickicht oder Sumpfflächen gesäumt oder haben steile Ufer. Geeignete Plätzchen findet man dann am ehesten im Innenbogen der Flußschleifen, an den Spitzen von Inseln oder auf Kiesbänken. Dort weht meist auch eine leichte Brise, die hoffentlich die geflügelten Blutsauger in Schach hält. Daß man sein Zelt nicht in Mulden oder Rinnen aufpflanzen soll, weiß wohl jeder, sonst bekommt man nachts womöglich das Wasserbett frei Haus geliefert. Manche Gebirgsflüsse können bei Gewitterregen in einer Nacht gewaltig ansteigen. Größere Flüsse sind für solche Eskapaden weniger anfällig, aber im Zweifelsfalle ist es besser, sein Gepäck ein paar Meter die Böschung hinauf zu schleppen, als nachts den Bach runterzugehen!

An Gezeitenküsten und auf Seen muß man bei der Wahl seines Nachtlagers außerdem überlegen, ob man es wohl bei Ebbe oder drehendem Wind am nächsten Morgen ohne größere Probleme wieder verlassen kann.

▼ Ally zwischen Gletschereis auf dem Alsek River (der Heckmann ist nicht verlorengegangen, sondern fotografiert!)

052-ka Abb.: ti

Tips zum Winter-Paddeln

'Paddeln bei Eis und Schnee?! – Du hast sie ja nicht alle! Wir sind doch keine Eisbären!'. Das mußte ich mir immer wieder anhören, wenn ich Freunde im Winter zum Paddeln einladen wollte.

Wer es jedoch ausprobiert, wird rasch merken, daß sich das Winter-Paddeln gar nicht so sehr vom Paddeln im Sommer unterscheidet. Es ist nicht wesentlich problematischer als eine Tageswanderung im Winter, denn beim Paddeln wird einem genauso schnell warm, wie beim Wandern. Eines ist dabei natürlich stets Voraussetzung: daß man paddeln geht und nicht baden!

Alles, was das Risiko einer Kenterung erhöht, ist tunlichst zu vermeiden. Gleichzeitig muß man diese Möglichkeit aber jederzeit einkalkulieren und stets darauf vorbereitet sein. Durch Leichtsinn kann die einfachste Tagestour im Handumdrehen lebensgefährlich werden. Wo eine Kenterung im Sommer gar noch Spaß machen kann, wird sie im Winter zumindest sehr ungemütlich. Ein paar Punkte sollte man daher beachten, damit die Tour zu einem Genuß und nicht zum lebensgefährlichen „Reinfall" wird:

Bootsbeherrschung ist natürlich Voraussetzung. Wer unsicher ist und damit rechnen muß, daß etwas schiefgehen könnte, der sollte tunlichst erst von Frühjahr bis Herbst noch üben.

Mit einfachen Tagestouren im Nahbereich beginnen und nicht gleich einen entlegenen Wildnisfluß befahren, auf dem man womöglich tagelang nirgends Hilfe finden kann, falls etwas passieren sollte.

Kleidung: Grundsätzlich ist jede Kleidung brauchbar, die warm genug hält. Dazu braucht es beim Paddeln oft weniger als man glaubt, weshalb mehrere dünne Schichten zur Temperaturregulierung am günstigsten sind. Bei normalen Flußwanderungen reicht

Auf Fahrt

Polypropylen-Unterwäsche und Fleece-Kleidung, die auch dann noch warm hält, wenn sie naß wird.

Da beim Paddeln freie Beweglichkeit der Arme wichtig ist, trage ich lieber eine Weste als eine Jacke. Bei mehrtägigen Touren sollte man während des Paddelns auch Handschuhe tragen, da die Finger sonst durch Nässe und Kälte sehr bald rissig werden.

Reservekleidung (eine komplette Garnitur) in einem wasserdichten Behälter habe ich auch im Sommer stets dabei. Im Winter ist sie absolutes Muß, denn man kann ja nie wissen. In entlegenen Gebieten packt man außerdem ein Feuerzeug und etwas Birkenrinde wasserdicht mit ein. Natürlich muß man dann auch dazu in der Lage sein, rasch ein loderndes Wärmfeuer zu entfachen.

Das alles hilft aber nur, wenn man nach einem Kentern in Minutenschnelle das Ufer erreicht. Sonst ist man rasch soweit unterkühlt, daß man kaum noch eine Chance hat. Also: **Stets in Ufernähe** bleiben! Breitere Flüsse oder größere Wasserflächen darf man im Winter (aber auch sonst bei kaltem Wasser!) nur befahren, wenn man in der Gruppe unterwegs ist, Bergungsmethoden im Schlaf beherrscht und einen Trockenanzug oder zumindest Neopren trägt.

Schwimmweste – Im Winter gibt es einen zusätzlichen Grund, seine Schwimmweste (am besten Rettungsweste) zu tragen: bei einem Sturz ins eisige Wasser könnte man bewußtlos werden.

Trockenhalten – klar, daß man um so weniger naß werden möchte, je kälter es wird. Besonders wer in kniender Position paddelt, vermeidet daher alles, wodurch Spritzwasser ins Boot gelangen könnte, und sorgt dafür, daß er nicht direkt auf dem Bootsboden kniet. Bei Fahrten auf unruhigerem Wasser mit Spritzdecke paddeln.

In der Gruppe paddeln – mit mehreren Booten – ist allemal sicherer als allein, da man sich bei Unglücksfällen gegenseitig helfen kann.

Vereiste Ufer können das Anlegen spürbar erschweren. Wo man im Sommer einfach den Bug auf das flache Ufer treibt, wird es auf Eis selbst an sehr sanft ansteigenden Stellen wieder zurückrutschen, so daß man parallel zum Ufer ohne festen Halt aussteigen muß. Sehr behutsam aussteigen, um keinen **Reinfall** zu erleben!

Eisschollen am Ufer können das Ausbooten erschweren, wenn sie zu mehreren Meter hohen Wällen aufgetürmt sind. Daß die Eiswälle unüberwindbar waren, habe ich noch nie gesehen.

Treiben größere **Eisschollen auf dem Fluß,** bleibt man besser vom Wasser. Die Strömung kann tonnenschwere Klötze emporhüpfen lassen wie Pingpongbälle, so daß selbst größere Boote schneller gekentert sind, als man „Scheiße!" schreien kann. Und wenn man sich anschaut, was scheuernde Eisschollen an den Stämmen der Uferbäume anrichten, dann kann man sich vorstellen, daß sie ein Kanu im Handumdrehen wie einen Schuhkarton zerquetschen!

▼ *Überquerung eines Eisbergs per XR-Trekking Boot in der Glacer Bay*

053-ka Abb. rh

Auf Fahrt

047-ka Abb.: rh

Anhang

Alle Reiseführer auf einen Blick

Reisehandbücher
Urlaubshandbücher
Reisesachbücher
Rad & Bike

Reise Know-How

Anhang

Alle Reiseführer auf einen Blick

Praxis

All Inclusive
Daoismus erleben
Dschungelwandern
Essbare
   Früchte Asiens
Fernreisen
   auf eigene Faust
Fernreisen mit dem
   eigenen Fahrzeug
Fliegen ohne Angst
GPS Outdoor-
   Navigation
Hinduismus erleben
Höhlen erkunden
Islam erleben
Kanu-Handbuch
Küstensegeln
Orientierung
   mit Kompass
   und GPS
Reisefotografie
Reisen und Schreiben

Richtig Kartenlesen
Schutz vor Gewalt
   und Kriminalität
Sicherheit im und
   auf dem Meer
Sonne, Wind
   und Wetter
Survival-Handbuch,
   Natur-
   katastrophen
Tauchen in kalten
   Gewässern
Tauchen in warmen
   Gewässern
Trekking-Handbuch
Vulkane besteigen
Wildnis-Ausrüstung
Wildnis-Küche
Winterwandern

Edition RKH

Finca auf Mallorca
Geschichten aus
   dem anderen
   Mallorca
Goldene Insel
Mallorquinische
   Reise, Eine
Please wait
   to be seated!
Salzkarawane, Die

KulturSchock

Ägypten
China
Indien
Iran
Islam
Japan
Marokko
Mexiko
Pakistan
Russland
Thailand
Türkei
Vietnam

Anhang

Anhang

Kanu-Glossar

Anfangsstabilität
Kippsicherheit des Kanus in Ruhelage
↗Endstabilität

Aktionsseite
↗Arbeitsseite

Aktive Seite
Diejenige Seite des Paddelblattes, mit der gegen das Wasser gedrückt wird (die andere ist die ↗passive Seite).

Arbeitsseite
(=Aktionsseite) Diejenige Seite des Bootes auf der man paddelt

Aufkanten
„Auf-die-Kante-Stellen" des Kanus durch Gewichtsverlagerung zur Arbeitsseite hin, um das Boot - meist in Verbindung mit einer Paddelstütze (↗Ausleger) zu stabilisieren

Ausleger
Paddelstütze, bei der das Paddel wie ein „Ausleger" eingesetzt wird, um das Boot zu stabilisieren, d.h. um ein Kentern zu verhindern

Bogenschlag
Schlag im Solo-Canadier bei dem das Paddel nahe der Bordwand eingesetzt und in einem weiten Bogen vom Boot weg und hinten wieder heran geführt wird. Er dreht den Bug von der Paddelseite weg.

Bootsrutsche
Speziell für Paddler gebauter Gefällekanal bei einer Stauanlage, der meist mit dem Kanu befahren werden kann.

Bordwand
Seitenwand des Rumpfes

Bug
Vorderes Ende des Bootes

C-Schlag
Spiegelbildlicher, nach außen offener Bogenschlag, bei dem das Paddel vorn weit von der Bordwand entfernt eingesetzt, im Bogen dazu her und dann wieder davon weg geführt wird. Er dreht den Bug zur Paddelseite hin.

Deckwalze
Walze an der Wasseroberfläche. Kleinere Walzen können von erfahrenen Paddlern durchfahren werden. Größere Walzen (besonders unterhalb von Wehren) sind selbst für Könner absolut lebensgefährlich!

Dollbord
Obere Bootskante (im Canadier=Süllrand)

Endstabilität
Kippsicherheit des Kanus unter Fahrt

Freibord
Abstand zwischen ↗Dollbord und Wasserspiegel

Gieren
Seitliches Abweichen des Bootes vom Kurs.

Anhang

Gleithang
Die Innenseite der Kurve eines Flusses. Das Wasser kann hier seicht sein und die Strömung gering oder sogar gegenläufig (↗Kehrwasser)

Grundwalze
Lebensgefährliche Walze (besonders unterhalb von senkrechten Wehren und Sohlschwellen), die das Boot zum Kentern bringen und den Paddler unter Wasser festhalten kann.

J-Schlag
Wichtigster Steuerschlag im Canadier, um das Gieren von der Paddelseite weg auszugleichen.

Kanten
Das Kanu durch Gewichtsverlagerung auf die Kante stellen (↗Aufkanten, ↗Wegkanten)

Kehrwasser
Unterhalb von nicht überströmten Hindernissen oder im Innenbogen schärferer Kehren entstehende Zone „bergauf" strömenden Wassers. Bei stärkerer Strömung wird ein Kanu beim Überqueren der ↗Scherlinie schlagartig kentern, sofern man nicht durch ↗Aufkanten und Paddelstütze stabilisiert.

Kiellinie
Linie Bug-Heck an der tiefsten Stelle des Bootes

Kielsprung
Biegung der Kiellinie

Lee
Die vom Wind abgewandte Seite

Lenzen
Wasser aus dem Boot herauspumpen oder -schöpfen

Luv
Die dem Wind zugewandte Seite

Passive Seite
↗Aktive Seite

Prallhang
Der Außenbogen einer Flußkehre mit tiefem Wasser und starker Strömung. Bei schnell strömenden Flüssen ist hier Vorsicht geboten!

Scherlinie
Grenze zwischen den beiden entgegengesetzten Strömungen von Fluß und Kehrwasser

Sohlschwelle
Senkrecht abbrechendes Felsband schräg oder quer zur Strömung, hinter dem selbst bei geringer Höhe Walzen mit lebensgefährlichem Rücksog entstehen können.

Wegkanten
Kanten von der Arbeitsseite weg = Kanten zur Gegenseite

Register

Anhang

Anhang

Rainer Höh, geb. 1955 in einem kleinen Dorf auf der Schwäbischen Alb, ist unter Outdoor-Freunden kein Unbekannter. Nicht wegen spektakulärerer Unternehmungen, denn Erstbegehungen, Routenbezwingungen und dergleichen Extremleistungen waren nie seine Sache. Ihm ging es immer mehr um das Draußensein und das Naturerlebnis. Daß er dabei immer wieder auch mit extremeren Verhältnissen fertig werden mußte, liegt in der Natur der Sache, war aber nie Selbstzweck.

Schon während der Schulzeit zog es ihn jeden Sommer zu

ausgedehnten Wanderungen nach Lappland. Danach folgten Schneeschuh-Touren in Mitteleuropa und Lappland, dann Wanderungen, Kanutouren und Floßreisen in Kanada und Alaska – später auch eine Winterreise. An einem Nebenfluß des Yukon nahe der alaskanischen Grenze baute er 1979 eine Blockhütte, in der er als Einsiedler hauste, bis der Grizzly kam. Danach begann er die Erfahrungen seiner Wildnisreisen in Buchform zusammenzufassen. Zunächst erschienen die Sachbücher Survival, Rucksack-Küche und Winterwandern, die das Buch Outdoor-Praxis in aktualisierter Form zusammenfaßt, dann Reiseberichte über die Floßfahrt, über seine Blockhüttenzeit und über eine Hundeschlittenreise

vom Polarkreis bis nach München. Er gründete ein Reiseunternehmen für Nordlandtouren und führte einige Jahre lang Gruppen auf Wildnistouren in Kanada und Alaska.

Heute lebt er mit Frau und drei Kindern wieder auf der Alb und verdient seine Brötchen als Reisejournalist, Fotograf, Übersetzer und Buchautor. So erschienen z.B. in dieser Reihe seine Bände „GPS Outdoor-Navigation", „Orientierung mit Kompaß und GPS", „Wildnis-Ausrüstung", „Wildnis-Küche" und „Winterwandern". Und die nächsten Bände sind bereits in Arbeit.